任性出版

# Google 愛用的人才

什麼樣的人最快領高薪、帶團隊、升主管？
前 Google 人資主管的識人學。

人力資源服務公司 RECCOO 營運長兼人資長
前 Google Japan 人資主管
草深生馬——著
陳令嫻——譯

TEAM WORKER Google で学んだ最速で成長できる 5 つの行動原則

目錄

推薦序一

# 如何脫穎而出？

國際獵頭／Sandy Su 蘇盈如

在我的獵頭（按：一種人才招聘方式，即網羅高級人才）工作中，最常被求職者問到的是：「如何可以進入外商工作？」面對這樣的大哉問，由於不同外商間文化差異過大，很難提供一個標準答案。

何謂外商文化？定義實在太過廣泛。

以人氣很高的夢幻職場谷歌（Google）為例，若要成為谷歌尋求的人才，需要具備什麼樣的特質與能力？答案就是，能夠引導團隊解決核心問題的人才。

擁有找痛點的能力，不僅可以展現對情境的深度洞察力和敏銳的分析力，還能提出針對性的策略，帶來恆久的改變和價值。

我曾協助一位產品經理參與谷歌面試，他在傳統產業中擁有豐富的專案管理經驗，面試過程中也表現得如魚得水，最後卻沒有成功錄取。

後來得到的回饋是，這位產品經理只有給出「事實」，但並沒有充足解釋，他是如何解決問題，以及處理階段性任務時遇到的挑戰。這種細節上的「解釋」，才能幫助企業看出，你在面臨突如其來的狀況時，是否具備即時處理危機的能力。

這也讓我想起，過去某位求職者參與外商面試時，面試官的回饋是：「長期在傳統團隊文化中工作的臺灣人才，個性較為害羞，因此不善於在大眾場合發言。」但是，對企業來說，他們需要的是可以對症下藥、及時提出回饋的隊友。

其實，如果你對進入谷歌這類型的國際企業有興趣，**想要在外商面試中脫穎而出，刻意練習是絕對必要的。**

我曾服務過一位客戶，即便已高居副總裁等級的職位，仍然會花一小時左右的時間，與獵頭積極溝通，透過問題來了解企業的核心價值，進行深度研究及分析，並找出目前遇到的問題及挑戰。

我的另一個客戶，一直以來都是遠端工作。他知道谷歌很重視團隊協作及溝通，因此，在準備過程中，他逐一列出符合企業價值、且能夠展現自己的相關案例，並在面試中演示自己如何透過遠端，以不斷溝通，實現「跨部門協作」的案例，最後成功獲得進入谷歌上班的機會。

本書作者深入剖析谷歌企業文化的核心價值，書中提到「把別人的回饋當禮物」，帶大家重新看待批評和建議，以開放的心態接納回饋，並將其轉化為自我成長的契機。

你可以透過本書認識到，**真正的成長不僅是努力的累積，更需要正確的心態和策略**。從微小的改變開始，不斷進步，最終實現人生和職場的重大突破。同時，書中也強調在多元化環境中，理解並尊重他人的獨特性，是促進自己與團隊共同成長的重要基石。

即便谷歌不在你的夢想企業清單中，藉由此書也能引導你在職場上成長與自我突破。

推薦序二

# 用對心態，開啟職場升級之路

千萬下載Podcast《那些學校沒教的事》主持人／Janet Lin

第一次讀《Google愛用的人才》時，我心想：「這真的是一本能讓人少走十年冤枉路的職場指南！」作者用簡單明瞭的方式，把谷歌這家全球頂尖企業挑選和培養人才的祕訣，娓娓道來。它不講大道理，而是從實際經驗出發，告訴我們什麼樣的心態和能力，才能在快速變化的時代中脫穎而出。

書中提到「五大行動原則」：

1. 把別人的回饋當禮物：無論是別人給你的建議，還是你給別人的意見，都能讓彼此成長。

2. 尊重他人的獨特性：尊重差異，才能與人合作共事。

3. 累積微小改善：別急著一口氣吃成胖子，慢慢來，變好就對了。

4. 願意成為神隊友：不要只是埋頭苦幹，抬頭看看周圍，團隊的成功也會成就你自己。

5. 專注於做對的事：能力可以培養，但方向對了，努力才不會白費。

這些原則看似簡單，卻也因為它們簡單，才讓人覺得特別實用。作者透過自身的職場經歷，分享他如何從迷茫的大學畢業生，一步步走進IBM（International Business Machines Corporation，美國跨國科技公司）、谷歌等世界級企業。不管你是剛踏入職場的新人，還是在公司裡苦熬的資深員工，都能從中得到啟發。

其中最讓我印象深刻的，是書裡提到「**尚未成熟的人才**」這個概念。

谷歌在招人時，並不只是看求職者面試當時的能力，而是看未來的潛力。他們相信，只要你有快速成長的心態、願意接受挑戰，哪怕現在還不夠完美，也能成為團隊裡的核心成員。是不是特別鼓舞人心？好像要進入科技業的巨頭也沒那麼遙遠？

另外，書裡對「團隊合作」也有全新的解釋。不是那種點頭哈腰、唯唯諾諾的合作，而是積極參與、發揮自己的獨特性及優勢，同時幫助團隊發光發熱。這樣的合作，不僅讓你在職場上更受歡迎，也能讓你的工作更有價值、更有趣。

我認為本書不論對迷茫的職場新鮮人，或是正在尋求突破的老鳥，甚至是想提升管理技能的主管，都是一本好書。它不僅提供了實用的技巧，更重要的是提醒我們，**職場的核心競爭力，不是單看會什麼技能，而是用什麼樣的心態去面對各種挑戰**。

看完本書，我只想對每個還在職場摸索的人說：「**別怕起步晚，別怕現在還不夠完美，走在對的路上，早晚都能成就更好的自己。**」推薦本書給各位讀者，相信它能幫助你找到方向，少走彎路！

前言
# 真希望我畢業時就讀過這本書

我過去曾在谷歌負責招募社會新鮮人，因此，想根據自己聘僱人才的經驗，分享工作者必備的快速成長心態。

依照本書分享的內容，磨練自己的強項，你一定會找到一份讓你的特質閃閃發光的工作。

快速成長的心態有五個重點：

1. 將別人的回饋視為一份禮物，而非批評。
2. 尊重他人的獨特性。
3. 累積微小的改善，成大事。

4. 願意當別人的神隊友。
5. 做對的事。

我把這五個重點命名為「世界標準的五大工作行動原則」。雖然命名為「世界標準」，但是**這些原則不必具備特殊能力或經驗**。只要用心，便能做到。

**五大行動原則中，最重要的是第四個「願意當別人的神隊友」——兼顧個人與團隊，也就是成為「TEAM WORKER」（團隊合作者）**。

我將在後續章節分享，唯有能夠兼顧個人與團隊的團隊合作者，才有潛力成為快速成長的人。

之所以命名為「世界標準」，是因為我生長在日本長野縣深山裡（人口只有三十人左右的小聚落），最後卻能進入谷歌這樣的跨國企業工作。

事實上，處於全球競爭最前線的大企業，谷歌並不會竭盡全力的尋找問題的正確答案，而是以「世界就是不知道正解的一團混沌」為前提進行前期投資，以便比其他公司早一步找出方向。

例如谷歌開發的 Google 眼鏡（Google Glass），可以用語音指示拍攝照片和影片，甚至上網搜尋。雖是方便的工具，卻可能侵害他人隱私和影響行車安全。

二〇一五年谷歌便停止銷售此產品給一般社會大眾，只賣給企業。

會面臨這種結果，是因為他們比誰都早一步挑戰未知。谷歌同時推動、投資多項專案，因此，失敗（放棄）的次數也不計其數。

**最重要的不是失敗，而是從失敗中學習。**

換句話說，**想要靠自己的力量走出人生，從失敗中記取教訓是不可或缺的**。

現在社會新鮮人的高離職率已成為嚴重的社會問題，為了避免這種情況，求職也開始圍繞著「目的」等關鍵字展開。也就是說，「目前這工作還不夠好」的轉職趨勢正在成長。

因此，我覺得在找到心目中的理想工作前，擔心「我的人生若這樣下去，真的沒問題嗎？」反而是件好事，多花時間煩惱是好的。

這些不安正是因為全心全意投入於選擇公司、持續工作，拓展人生的火種而產生。

## 求職過程只是人生的一部分

儘管如此，找工作仍是左右人生的大事。越是意識到這一點，人就越容易焦慮、越想要打安全牌。我也有過一樣的經歷，非常能體會這種情緒。

身為負責招募大學畢業生的人資長（chief human resources officer，簡稱CHRO），經常有學生找我商量：「該怎麼做，才能找到自己想要的工作？」

這種時候，我總會依循我在谷歌等公司的經驗，給出建議：「人生很漫長，求職不過是其中一部分。所以，你必須**先想像自己人生的終點，思考自己想做什麼樣的工作、想把熱情發揮在什麼地方，才能決定何謂失敗，又何謂成功！**」

聽到這個答案，多數人都會露出不知所措的表情。這也是理所當然，畢竟這問題連大人也很難回答。我自己也還在摸索，思考究竟怎麼樣的情況才算是抵達終點。

即使看起來像在繞遠路，但**求職的第一步應該是秉持「今後的人生想要如何面對工作」**，就算一開始只有模糊的構想也無妨，這才是唯一克服內心不安的方法。這也是我在學時的經驗談。

## 為了將來不會後悔

現在社會和職場已經建構了完善的機制，社會新鮮人無須面對這類問題也能找到工作。簡而言之，企業早已為求職者準備了全面的服務。

例如Rikunabi和Mynavi（譯註：兩者皆為針對大學畢業生的日本求職網站）提供了多家企業的職缺，只要按下按鈕，便能輕輕鬆鬆寄出履歷。

寄出履歷後，將在適當時機收到下一步指示，而這段期間會由人資陪同。如果有幸錄取，接下來只要等待畢業即可（按：傳統上，日本大學生會在畢業前一至兩年，就開始找工作〔稱為「就職活動」〕，取得內定後，一畢業便直接接工作）。應聘說明與面試的日期都有一定規定，因此不需要自己主動蒐集資訊。

換句話說，即便是漫無目的的隨波逐流，也仍能系統性的找到工作。

根據厚生勞動省（譯註：日本中央省廳之一，相當於臺灣衛生福利部加勞動部）統計，**過去十年以來，日本大學生的就業率從未低於九〇％**。同時，網路上也充斥各類資訊，教導大學生如何在這些機制中取得優勢。

既然順其自然就能順利找到工作，又何必思考「我想如何面對工作」這種難題？我還是大學生時，一開始秉持的態度，也是只要進入知名的大公司就好。既不知道自己將來想做什麼，也不會想從終點反過來思考人生。

但是，實際求職（選擇就職的公司）並沒有單純到照著網路上的祕訣行動，便能一帆風順。我是等到真正開始工作後，才意識到這項事實。

可惜的是在我求職時，身邊沒有人告訴我選擇工作時最重要的條件，一直到我進入谷歌才有了轉機。大學剛畢業時，我進入ＩＢＭ開始了第一份工作，短短三年便離開公司。

在ＩＢＭ的三年間，我累積了許多珍貴的經驗，也不後悔進入這家公司。但是，回想應徵過程，我有時仍不免這樣想：如果當初找工作的想法和目標更明確，一定會過得更加充實和美好。

若是我在學期間已了解本書想分享給讀者的概念，我求職的方法、自我介紹的方式和挑選公司的條件，想必都會截然不同。

希望大家能以接下來介紹的五大原則行動，克服求職、工作之中的不安情緒，掌握自己的人生！

序章

# 谷歌愛用的人才

## 1 有自信改善現狀

我經常聽到人們以「混沌」形容當前的商業環境，**谷歌也十分重視「在混沌中生存」的能力**。但是，混沌究竟是什麼？

近年來，世界各國的政治、經濟與社會狀況瞬息萬變，大量的資訊如同洪水湧入，幾乎無法以簡單的一句話概括世界潮流。

有些國家的科技發展日新月異，有些則數年如一日。也有像日本這樣，經濟停滯不前，卻仍舊保持一定競爭力的神奇國度。這些國家十年後會是何種風貌呢？即便能預測，也無法得知結果是否正確。

所謂的混沌，便是指不知何謂正確答案的情況。

每當我和求職者對話，都可以明顯感受到大家對於動盪現況的不安，認為環境、景氣變差了。但是，很少人會覺得這些變化與自己直接相關。

我認為這種情況可以稱為「表面的和平」。因為世界政治、經濟局勢的改變，沒有人認為未來仍能過著和平、安樂的日子，卻覺得只要當下還過得下去，大環境就與自己無關。幾乎所有人都缺乏危機意識：如果不把現況當作自己的問題來改善，世界、國家和我們自己的人生，都將面臨危險。

我想說的是，許多人都以為進入知名企業努力工作後，大概四十歲左右就能升上一定職位、年薪突破千萬日圓（約新臺幣兩百二十萬元）。其實根本不是這麼一回事。

於是，我開始更認真思考自己的未來。也有人會放棄挑戰，認為自己做不到。為什麼選擇放棄？這或許是因為他們極度缺乏自我效能（self-efficacy）。自我效能指**面對今後的挑戰，相信自己做得到的態度**。而在試圖改善現狀時，最重要的就是這件事。

天生我材必有用，選對磨練的方式，任誰都有機會成為全世界都想要的人才。因此，只要相信自己，任何挑戰都可能克服。也就是說，自我效能是在混沌中生存的力量來源。

自我效能有許多其他說法，例如：事在人為、有志者事竟成、「YES, We Can!」（按：出自動畫《建築師巴布》〔*Bob the Builder*〕的經典臺詞，而後成為美國前總統歐巴馬〔Barack Obama〕競選時的口號）等。我希望，你也能找到可以自信的說「這個我能做到」的優點，哪怕只有一個。

## 求職不是攻略遊戲

許多人在找工作時，會先花時間蒐集應徵、面試或寫履歷的訣竅，認為不鑽研這些訣竅，就不可能成功。

他們把求職當作一種遊戲，一心一意尋找破關的攻略。

不少人請教我：「做自我分析，就能找到理想的工作？」

我認為，這種問題本身就是錯的。如果你不知道自己的優勢、強項與弱點，就無法決定今後人生的方針。提出這種問題，無疑是把自我分析，當作闖關遊戲的破關條件。

這時，我會反問對方：「難道你不想更深入了解自己嗎？你認為在不了解自己的情況下做的選擇有意義嗎？你覺得什麼樣的選擇能讓人生更加幸福？」藉由這種方式告訴對方：求職不是遊戲，所以沒有攻略。

換句話說，**好工作的答案就在自己心裡**。求職方法也不需要仿效他人。當你夠與眾不同，反而正符合跨國企業所追求的「在混亂中生存」的能力。

所以，我希望大家能**相信自己，以自己的方式，走出屬於自己的人生**。

當我和求職者分享這些故事時，大家都因此察覺工作的本質：「我知道該如何思考了。」、「我知道該如何以中、長期的觀點看待人生。」

改變心態，求職準備自然也會隨之變化，也不再有人問我做自我分析是否對找工作更有利。

## 心態比技術更容易

或許有人會認為，心態無法馬上改變。心態受到性格影響，確實很難出現一百八十度的大轉變，也沒有必要隨時維持積極的態度。

然而，與技術相比，在短短的求職期間內，不可能學到想從事的行業所需的所有知識。但是，**任誰都能立刻調整面對工作的態度**。

所以，我的建議是「技術等到之後再學也來得及」。

律師或會計師等專業當然另當別論。倘若不是從事此類工作，你只有在必要時，才需要學習新知識和技能。我認為，能培養在混沌中生存的心態更為重要。只要投入時間和金錢，努力學習就可以獲得任何資格或證照，但心態並非如此。不先了解其必要性，就無法做到。所以我想藉由本書，表達心態的重要性。

此外，後續章節還將說明團隊合作與回饋（促進自己與對方成長的意見）的價值。例如：我總希望求職者在準備時，能找出過去團隊合作或獲得回饋的經驗，且不必是特殊的事件。這類經驗是自我分析的好素材。從這兩個觀點，重新審視隱藏在過往的心態與行動極其重要。

如果你在開始找工作前讀到本書，希望你能在接下來的各種場合，開始培養這兩個習慣。

## 2 擅長特定領域，其他缺點忽略

有些人做自我分析時，只專注在探究自己消極、負面的部分，例如回顧過去所遭遇的挫折、沮喪和失意。

但是，這世上原本就沒有十全十美的人。因此，在分析時**不必刻意找出缺點。事實上，求職只須利用一項優勢即可突破重圍**。

搭配本書介紹的五大行動原則，從形形色色的故事中找到自己可以做，或是能夠充滿自信說自己做得到的事情，並專注於此。

**企業真正想了解的，是你有哪項優勢**。

在謀職期間發現的缺點，也不可能在短時間內改善。如果你找到了自己的短處，我會告訴你：「很高興你注意到了。」但也僅此而已，再深入探討沒有實質意義。

最重要的是，自信的告訴對方：「我做得到這件事。」

努力克服短處固然重要，但這對找工作來說沒有必要。

求職的第一步，是考慮自己的優勢、拿手的領域，然後找到可以表現它的故事與詞彙。

填補缺點是職場尋求通才的老舊觀念。現今企業提倡職責明確的分工，不再是招聘全面的通才。**尤其是期盼持續成長的企業，追求的是擅長特定領域，並願意憑一技之長在國際上競爭的專才**。

當然，也有公司認為能夠同時說出優缺點的人更為成熟。因此，了解缺點也很重要，但了解和展現是兩回事。

優勢是由至今為止的經歷累積而來，唯一的關鍵在於你能否察覺這一點。重點是自我分析時，你以何種角度審視自己。幸運的是，你也可以透過他人的建議找到自己的強項。

同時·你也應該針對企業的徵才條件，凸顯你的長處。

## 將來更出色，還是現在就很優秀？

不少人不知道該怎麼向公司表達自己的缺點，並對此感到苦惱。面對這樣的求職者，我會告訴他們：「你去面試的目的，是為了闡述自己的弱點嗎？我明白你希望對方了解你，但是應徵時的重點在於宣傳自己能有什麼貢獻，所以你應該強調自己會什麼。如果你坦白說出自己有哪些不擅長的領域，他們就不會錄取你。不說缺點並不代表你在說謊或是隱瞞。」

儘管如此，還是有人擔心，如果面試官問起弱點時該如何回答。我的答案是：「老實回答就可以了。但是，不能讓對方覺得你忽視它，所以不妨補充自己打算如何克服。準備到這種程度便已足夠。」接著，我會請他們分享自己的強項，並誇獎他們。

其實，企業並不會完全相信你的說法。**面試過程中，面試官問起優缺點，只是在評估應徵者的自我認知能力**。

企業在面試時更關注的，是應徵者的潛力。正因如此，才應該把**重心放在**

**「我做得到什麼」與「我今後想做什麼」**。

像谷歌這類企業在招募社會新鮮人時，即便有不拿手的一面也會錄取，因為他們能感受到對方的成長空間和可能性。

換句話說，**比起現在已經很優秀的人，企業更想與將來會更出色的人一起工作**。以這種觀點看來，「尚未成熟的人才」更容易獲得好評。

## 沒有人要你做到完美

每個人都有不足之處，沒有十全十美的人。

我希望大家在承認自己缺點的同時，也要自信的談論優點。

例如，在小組或團體中無法大聲主張自己的意見，有些人會認為這是個扣分項，並對此感到擔憂。

當我反問人們為何覺得這是缺點時，經常得到這樣的答案：「因為我太尊重對方，結果總是在傾聽。」

但反過來看，你也可以解釋為：「我會仔細傾聽對方的意見，溝通時懂得尊重。」如果你這麼想，就不必再為此擔心。

以我的經驗來說，谷歌是一間非常注重團隊合作的公司，絕不可能因為你在小組中扮演傾聽者，就給予你負面評價。懂得傾聽不是短處，而是一個長處。

克服弱點固然很重要，但只要換個角度，缺點也有機會成為優點。

由此可知，**優缺點其實是一體兩面，唯一的區別在於你如何表達它們**。缺點其實也是一種個人特質。在做自我分析時，希望你能以正面的觀點重新詮釋它。

我在谷歌工作時，主管從來不曾因為某個缺點指責我，或要求我改進。討論工作目標和進度時，主管只會告訴我哪裡做得很好、哪裡需要加強，以及如何彌補不足。

簡而言之，**沒有人會要求你做到完美**。

## 3 主動幫人，而非有人拜託才出手

不只是谷歌，所有跨國企業都將團隊合作列為錄取員工的重要標準之一。許多人在面試時，經常被問到：「你覺得團隊合作的重要性是什麼？」或「你是否曾在團隊合作時遇到困難？」

對跨國企業而言，持續成長的必要條件之一，是擁有多元化的團隊。尤其是開發新服務或產品時，背景各異的員工攜手合作，才可能創造出全球化的產品。

無論成員多麼優秀，若是互相輕視就不可能完成工作。因此，錄取標準是懂得合作，讓所有人都能在團隊中發揮所長。

**團隊合作者的特徵是不排斥異己、會思考如何讓他人發揮，以及能與各類型的人相處，而不會有人際關係的壓力。**

面試官會藉由「你是否曾在團隊合作時遇到困難？」等提問，確認求職者是否具備團隊合作的資質。因此，面試時分享的經歷必須著重於上述觀點。

以谷歌而言，懂得關懷（care）團隊的人會受到高度評價。關懷一詞包含真正關心、照顧、注意等意涵，谷歌希望員工們能真心重視自己所屬的團隊。

優秀的團隊合作者能做到以下幾點：

- 經常主動幫助他人，而非有人拜託才伸出援手。
- 懂得培養、建立社群意識。
- 懂得調整團隊的共存關係。
- 能夠說出他人的成功與貢獻。

能夠說出他人的成功與貢獻，指的是即便其他團隊成員很謙虛、從來沒把成果掛在嘴上，卻在背後做了很多事，而你也能發現這些人的功勞。

英語中的「recognition」便是指讚譽對方的功績。而要做到這件事，就不能只把對方當一般的同事，而是要對他抱持強烈的關心。懂得關心他人，才能發現對方的貢獻，並告訴其他成員。

沒有人會否定協力合作的重要性，但能夠具體做到以上四點的人還是非常少見。因此，懂得團隊合作的人，在求職時就已經領先其他人好幾步。

## 團隊合作不是老實服從

讀到這裡，或許會有人覺得，團隊合作與前一節強調的磨練強項有所牴觸，但我想，這是因為大家提到團隊合作時，腦中浮現的是「傳統」的合作模式吧！

在傳統的團隊中，需要察言觀色、做最有效率的事。老實聽從主管指示的員工容易獲得好評，彼此揣摩對方臉色以建立默契。我把這種情況稱為「消極的團隊合作」。

然而，我所說的團隊合作與傳統模式大相逕庭。

首先，團隊必須由能力優秀的專家、菁英組成，每個人都有強大的個人能力。因此，所有人都是能產生貢獻的重要成員。也就是**把自己視為武器，被他人**

**利用也利用他人，共同取得成果**。

我把這種情況稱為「積極的團隊合作」，是跨國企業所追求的團隊類型，並不需要那些完全依賴於「讀空氣」（指懂得察言觀色，會看他人臉色）的個體。互相配合時不需要客氣謙虛，而是清楚自己能做到什麼。創造一個可以適當溝通，並充分發揮彼此優勢的環境，才是真正意義上的團隊合作。

要做到這種程度，你必須先明白一個人能做到的事情有限。如果你獨特而有才華，同時又具備謙遜的態度，才能夠與團隊中的其他人一起工作，創造嶄新且龐大的事業。

換句話說，**理想的團隊是由一群認同彼此的成員聚集而成**。

## 討論要充滿衝突、化解衝突

許多企業會在團體面試時，藉由小組討論觀察求職者是否擅長團隊合作。多數的小組通常都能順利討論出一個結果，也懂得如何溝通，卻往往得不到獨特的論點。

這是因為，許多人只想有條有理的表達意見、得出一個結論就好，重點則放在展示自己如何與人相處，目的是想被面試官認可。

有時候也會遇上提出有趣想法的團隊，而這種團隊通常有兩到三個奇特的成員，且討論時會發生衝突。

像谷歌這種跨國企業，追求的就是這種討論。甚至可以說，企業想看到的是求職者此時如何化解衝突。

希望大家時時留意，在提出獨特意見的同時，仍要持續溝通、接納他人的建議。如此一來，自然能鍛鍊化解衝突的能力。

這些經驗能在求職時派上用場，也能為今後的人生帶來樂趣。在傳統團隊中，難以兼顧見解與溝通。

以下以我自己的例子說明。高中一年級的秋天，同學們在班會上討論校慶該準備什麼活動。當時的我是小組長，因此擔任協調的角色。

那時距離入學已有幾個月時間（譯註：日本是四月入學，秋天時已相處了一個學期），同學們好不容易才稍微熟悉彼此，但還不到能深入討論的階段。

我聽說過去大多數班級都是選擇上臺跳舞，所以想嘗試點不同的表演。正當我想提議做點不一樣的事情時，卻感覺班上散發著「反正大家都跳舞，我們也就跳舞吧！」的氛圍。

由於我不想破壞氣氛，只好放棄提議、靜靜主持。

這時，導師突然問了我一句：「生馬，那你覺得呢？」我才鼓起勇氣表示：「我想，如果能做點完全不一樣的表演，或許能讓來賓們留下更深刻的印象？」討論的氣氛頓時轉變，最終班上決定做馬賽克貼畫。後來我們的表演在校慶上大受好評，還獲得縣政府表揚。這次的校慶表演加深了同學間的情誼，即使畢業多年，仍是我們的美好回憶。

儘管我從小就很愛表現，卻還是不知不覺沾染了傳統合作模式的習性。如果我當時沒有鼓起勇氣，選擇隨波逐流，想必不會創造如此獨特的回憶。

希望大家珍惜小小的勇氣，增加表達意見的機會。我也透過班會的經驗記取教訓，距離跨國企業所追求的團隊合作者更近一步。

## 走得快不代表能走得遠

非洲有句諺語是：「一個人走得快，一群人走得遠。」我很喜歡這句話，全世界的團隊合作都適用這個道理。

這句諺語的關鍵在於，「快」只是速度的表現，它把更困難、且更重要的目的地表達為「遠」。換句話說，走得快不見得能走到目的地，能走得遠才是真正的抵達。

假如你想向前跑十公尺，一個人跑肯定更快。但實際上，目的地可能還有五十公里。既然如此，提早跑到十公尺處有什麼意義？**想要實現共同目標，必須所有人一起努力**。

但是，這並不代表做任何事情之前都要經過所有人投票決議，有些時候還是需要儘早下決定。此時才以速度和個人判斷為優先，但是僅限於即便犯錯也不會造成嚴重影響的情況。

## 4 上千份履歷中，有多少個社團社長？

如果面試官問起「你覺得團隊合作的重要性是什麼？」或「你是否曾在團隊合作時遇到困難？」該如何回答才對？

這種時候，**經驗的成功與否並不重要，重要的是讓面試官知道你藉由經驗學到了什麼**。

答案是「我和任何人都處得很好，不曾特別為團隊合作做什麼」的人，可能會遭到淘汰。因為面試官會懷疑答案的真實性。

另一方面，不少求職者著重陳述自己曾是小組長、社團社長，或是活動的執行委員等事實，卻沒有分享真正的經驗，這樣的答案也不合格。

過去我們在招募新人時，經常和人資部門的其他同事笑談：「這世上究竟有多少個副社長？」

大家在「美化」履歷時，往往會擔心寫社長太誇張，所以大多數人都選擇寫副社長或副組長。當我們一口氣看了上千份履歷，這件事情就變得相當明顯。

倘若應徵條件需要某種領導能力，寫上這些經歷自然有所幫助，但是不見得每家企業都是如此。

企業更想了解的是合作的相關經驗。不必當上社長或組長，也能對團隊有所貢獻；反過來說，即便是領導人也可能毫無貢獻。

如同「領導力」（leadership）與「追隨力」（followership）兩個術語，輔佐領袖的能力也是組成團隊的要素之一。

面試官不會因為有擔任領袖的經驗，就認定這個人能夠成為優秀的團隊成員。企業期盼的是求職者藉由過去的合作，累積了哪些經驗、學到了什麼。

除了團隊合作與個人強項，面試官也經常會詢問應徵者（尤其是應屆畢業生），在學生時代為某件事投入心血的經驗。

當面試官請面試者在一分鐘之內說明時，大家都能有條有理的介紹。但是，簡短的敘述並不能了解全貌，因此，面試官通常會進一步追問。

這種時候一定要準備具體的答案。

**企業希望聽到的是面試者在分享的故事中，具體描述自己做了什麼、造成何種結果，又從中學到什麼。**

順帶一提，我過去求職時分享的故事，是在學生時代擔任舍監，我大部分面試都是透過這個經驗來一決勝負（關於擔任舍監的故事，將在第四章說明）。

希望大家利用本書介紹的「五大行動原則」回顧過去的經歷。

例如，分享社團活動時，注意自己是否積極參與，而非被動合作，以及如何將這份經驗具體解釋給別人聽。期盼大家以這種方式來準備面試。

另一方面，不少企業直到現在依舊誤以為看似溫和、不會與他人起衝突的人，才是良好的團隊合作者。當面試官覺得面試者很奇怪時，心中便默默決定不予錄取。這種習慣將排除有個性的員工。

這是嚴重的問題，也是阻礙經濟成長的根本原因之一。

換句話說，偏好員工性格乖巧、順從的企業不會成長，不進入這樣的公司反而是一件好事，因此無須為了落選而難過。

求職的基本是「選擇能夠發揮強項的公司」。切記，**不是公司選你，而是你選公司**。

## 假說型問答，考驗思考能力

谷歌在面試時，會準備許多團隊合作相關的問題。

針對社會新鮮人，採用的是「結構化面試」。為了確保無論面試官是誰，評估標準都是一致的，公司設定了一組預先準備好的問題，並根據標準表給分。

例如：「假如你是某個專案的組長，當成員意見相左、討論發生衝突，導致團隊氣氛低迷時，你會怎麼做？」再根據回答深入討論。

藉由追問「為什麼這是你採取的第一步行動？」、「除此之外，還有其他做法嗎？」、「你做選擇時判斷事情優先順序的標準為何？」探討面試者的本質。

這些提問被稱為「狀況設定型面試」，也就是「假說型問答」。

另一方面，對於曾經擔任團隊領袖的人，則是根據「你是否遇過成員意見相左、討論發生衝突，導致團隊氣氛低迷的情況？」的回答持續追問。這種情況則是「經驗型問答」。

針對同一種主題同時聽取假說與經驗是浪費時間，因此通常不會這麼做。在這兩種提問方式中，假說型問答的難度較高，評估也較為可靠。

經驗型問答的結果相對不可靠，這是因為倘若面試者過去的經驗恰巧符合問題，回答起來會更輕鬆順利。而透過這種「偶然的機遇」所獲得的好評，可信度將會下降。

假說型問答則能讓求職者根據相似的經驗，給出更具思考性的答覆。追問的內容也會持續十分鐘以上，能探討到面試者不曾體驗過的情境。

因此，有無經驗並不影響答題結果的優劣，甚至因為沒有相關經驗，難度和可信度隨之提升。

**面對假說型問答也能得出結論，代表面試者思考能力較為優秀，這也是目前主流的面試方式**。

順帶一提，日本厚生勞動省規定企業不得詢問面試者的家庭背景、出生地、思想或信念、宗教與婚姻觀念等（按：在臺灣，根據《就業服務法》第五條規定：不得以種族、階級、語言、思想、宗教、黨派、籍貫、出生地、性別、性傾向、年齡、婚姻、容貌、五官、身心障礙、星座、血型或以往工會會員身分為由，予以歧視）。這些問題是本人無法負責的，且不應受到束縛，這會導致不公正和歧視。

即使是求職者自己提到這些主題，面試官也會當面請你停止相關話題。谷歌也會事先向面試者說明，面試時不會提及這方面的問題。

因此，如果你想分享的故事和這些主題有關，就需要發揮巧思，重新詮釋和加工，例如變更人物與背景等。

## 勉強錄取，只有傷害

深入討論事情的本質時也很有趣，例如我會問求職者：「什麼是團隊合作？」我想知道的是，他們為何會形成這樣的看法，並深入探討他們的思考方式和理論。

我曾經遇過有人回答：「大家都把團隊合作掛在嘴邊，好像這件事最重要，但是我認為團隊合作會導致進度變慢。」

先不論這個觀點是否正確，這種有獨特堅持的人，往往累積許多經驗與想法，反而會引起企業的興趣。此時，面試官就會想繼續追問對方為什麼這麼想。

如果面試者的主張只是囫圇吞棗了幾本書，就拿來現學現賣，會讓人感到可惜；然而，即便想法古怪、另類，如果是基於經驗發言，反而會讓人覺得有趣，評價也將完全不同。

不過，在面試時深入探討的過程，還有更深層的意義。

以團隊合作為例，面試官可能會問：「我們公司重視團隊合作的文化。對此你有什麼看法？」這樣雙方就能交流各種意見，即便最終得出「這個人不適合錄取」或「這家公司不適合我」的結論，也能算是非常成功的求職過程。

畢竟勉強錄取，對彼此只有傷害。

換句話說，有獨特堅持的人，更容易讓企業判斷是否該錄取，而求職者也能基於雙方意見交流，找到更適合自己的企業。

## 谷歌錄取我的原因

堅定某一種立場的態度，我稱為「個人假說」。秉持個人假說的人，找到工作後更不容易後悔，也是將來跳槽時的強大武器。

以我為例，我是在二十六歲時進入谷歌。在我以應屆畢業生的身分加入IBM時，我在人力資源部門工作，該部門約有兩百名成員，所以，我可以說我是利用自己的經驗和優勢成功轉職。

其實，告訴我谷歌正在徵才的，就是我當時的主管。

我的主管是外國人，他本人也是透過跳槽來累積職涯經驗，因此他在熟悉我的工作風格後，認為我更適合谷歌的企業文化。

谷歌的求才方針是錄用符合企業文化的人才，因此我的求職過程的確一如主管預言的一帆風順，最後也順利錄取。

我一方面由衷感謝當時鼓勵我跳槽的主管，也覺得自己很幸運，能夠遇上好主管。另一方面，我能抓住機會，也是因為過去的行動累積而成的結果。

回顧過往，當時的我已經從經驗中，學到工作時必須秉持「個人假說」。而我認為谷歌也是肯定我的假說，所以才錄取我。

**我在前言介紹的五大行動原則，正是谷歌錄取我的原因**，而這些行動原則也不只是彙整我個人的見解。

接下來要分享的內容，是我在谷歌所學，也是公司中活躍人物的共通特徵。

本章中說明了求職的基本概念。在後續章節中，我將依序說明「世界標準的五大工作行動原則」，也就是想要抓住機會、快速成長的行動原則。

第 1 章

# 把別人的回饋當禮物，而非批評

# 1 誇獎別人也是種回饋

不僅是谷歌等跨國企業，所有公司都會肯定那些願意接受回饋，甚至是主動尋求回饋的人。

這裡的**回饋（feedback）指的是「促進成長的意見」。谷歌尤其重視主動請人給自己回饋的心態**。

與其等待他人說出口，不如鼓起勇氣、隨時詢問他人意見。不必把事情想得太難，只需要對眼前的人簡單問一句「可以分享你的感想嗎？」即可。

請不要把標準設定得太高，從周遭小事開始做起。

有意識的重複幾次後，逐漸養成習慣，尋求回饋自然會成為你的行動原則。這也代表你又獲得了一項求職時足以凸顯的優勢。

谷歌認為回饋是一份禮物。禮物是收到後會讓人感到高興的東西，但實際上，送禮的人也會感到快樂。我非常贊同這一點。

**回饋是期待彼此成長、期盼對方成為更為優秀的人才而互相幫助的行動**，這樣的觀點往往很難靠自己獲得。因此，「禮物」這個表達方式非常恰當。

但是，有不少商務人士認為，只有要求對方改善的意見（負面意見）才算是回饋。這是錯誤的觀念，誇獎對方（正面意見）也是一種回饋。

**唯有吸收正反兩面的意見，才能加速確認彼此的優缺點，促進雙方成長。**一個人能察覺的事物有限，因此，與其一個人努力反省，不如開口詢問他人的感想，才是捷徑。

或許是東方人較為害羞，許多人不擅長開口請教，將問題憋在心裡，這容易淪為自省內耗、浪費時間，整體社會也難以建立好的成長循環。

無論是為了自己或他人，坦率的給予回饋，成長速度便能迅速提升。懂得回饋並進步的人越多，越能加快整體社會發展。

## 信賴是回饋的基礎

現代社會充斥各類資訊，而這些資訊又會在不知不覺中消失，導致社會變得更加混亂。

尤其是科技產業，關鍵字出現得快、消失得也快。

例如，區塊鏈因為網路資安問題受到重視、虛擬貨幣崛起，接著又出現Web 3.0（按：指基於區塊鏈的去中心化線上生態系統）一詞，也有聲稱NFT（Non-Fungible Token，按：非同質化代幣，是一種數位加密貨幣）與元宇宙（metaverse，按：聚焦於社交連結的3D虛擬世界網路）將改變世界經濟的論點。

身為現代人，盡快掌握當前最新情況有其必要性，但是，想要熟悉所有最新資訊是極其困難的。

那麼，該怎麼做才能跟上最新趨勢？最快的方法就是借助周遭的力量。

為了正確的蒐集資訊與做出判斷，必須培養接受回饋的能力，消化、吸收，並將其化為養分。然而，**若沒有一定的信賴關係，也無法建立收到或給予良好回**

**饋的循環**。

我認為，願意表達想法（包含情感）的人更為誠懇，也更值得信賴。因此，在面試時，能坦率發言、想了解我的求職者，往往更能得到我的信任。

此外，在建立信任關係的過程中，後續的行動更加重要。我希望所有人都能將收到的回饋，以自己的方式重新詮釋，並實際行動。就算改變的程度很小，也要向提供意見的人報告結果。反覆進行幾次後，對方也會更加信賴你。

換句話說，想要得到良好的意見，必須先表達自己的看法，留下「這個人值得信賴」的正面印象；獲得改善建議要反映在行為上、展現成果，讓對方覺得「給予回饋是值得的」。

關鍵在於事前與事後的行動。

## 星星之火足以燎原

藉由接受回饋，能了解自己的不足、察覺自己欠缺的觀點。

倘若收到負面的意見，就將其彌補、改善；收到正面意見，則視為發現自己的新優點：「原來我有這種強項！」累積優點也是一種成長。

**尋求回饋就是努力發現自己的優勢和劣勢**。換句話說，是因為渴望成長，才能建立回饋的循環。如果無心成長，即使得到建議也沒有意義。

但是，不需要把這件事想得太困難，先從做得到的事情開始著手。

求職期間，許多人都感到不安和焦躁，想知道事情是否會順利進行。我把這種情緒稱為「星星之火」。

這意味著，再過不久，人就會燃起對成長的熱情。

理想與現實的摩擦會產生火花，讓現實逐漸貼近理想的唯一辦法，就是不斷成長。

期盼大家主動提出看法、詢問他人意見，邁出第一步。

我想再次強調：接收到的回饋要反映在行動上，讓給予的人看到你改善後的模樣，這樣才算是一次循環。

如此一來，對方一定會因為有表達自己意見與看法而感到欣慰。接著，便能開始下一輪的交流。一旦建立起模式，便能大幅進步。希望你能儘早建立這種持續不斷的循環。

面試也是一個接受回饋的機會，企業端也會對積極向上的態度給予好評。這代表求職者視工作為促進成長的工具。

## 2 願意為對方做自己做得到的事

我認為，給予比接受更難。

請想像自己站在給予回饋的立場，肯定就能明白。表達並不是一件簡單的事。因此，我想分享如何引導對方給出建言。該怎麼讓對方給出實質的意見，包含需要改進的地方？最有效的方法是從付出開始。

人們經常提到「施與受」（give and take），而付出就是所謂的「施」（give），你必須先為他人做點什麼。

以我為例，高中和大學時期，我常常覺得自己遠遠落後周遭的人。當時的我非常自卑，認為自己只是一個來自小山村的鄉下人。

我對此感到焦急，想要快速成長，從都市出身的優秀人士得到建議。可是，我根本不認識身邊的人。

在這樣的情況下，突然請教他們不太妥當，因為他們無法體認到我是認真的，這只會讓人感到不自在。

但是，當對方認為我是個好人，有趣、認真、努力，對我抱持好感，此時再拜託對方教我，通常就會願意親切的指導。我必須從零開始，和其他人建立信賴關係，這是我當時的想法。

因此，我選擇藉由付出來贏取大家信任，先擔任施予的一方，產生貢獻。

進入谷歌工作時也是一樣的道理。**面對語言、國籍、信念與生活型態等所有常識都截然不同的外國人，該如何建立信賴關係？這時，派上用場的是待人處事的態度。**

簡而言之，首先要讓大家認為我是個好人、產生好感。

所以，先主動付出並幫助別人，對他人有所貢獻、建立起信賴關係後，才能得到重要的回饋。接著，認真回應，使得對方更加信任你，以求能接收更多、更好的回饋。

我在上一節強調，建立起回饋循環後，就能更快的在必要時獲取所需資訊。其實，創造循環的能力也是前言所提「克服混沌的能力」之一。未知的陌生環境、沒有熟人的學校、剛成為社會新鮮人的生活，以及常識派不上用場的跨國企業職場，都屬於混沌的環境。

在這些情況下，必須接受大量回饋、篩選各類資訊以適應新環境。而**循環的源頭始於付出**。

## 付出再渺小也無所謂

第一次付出可以是任何小事，光是在擦身而過時打招呼，也算是一種付出。**重要的是，以行動表示「願意為對方做自己做得到的事」**。

現在回想起來，我進入高中時做的第一件事，就是記住所有同學的名字。

當時班上一共有四十名同學，來自長野縣的四面八方，大家幾乎都不認識彼此。我靠著貼在講臺上的座位表，試著記住所有同學的名字。

赤羽、飯島、市川、上野、小野、小日向、小島、小林……學期剛開始沒多久，下課時間大部分的人都在準備下一堂課，或是和少數的朋友聊天，而我則是走向講臺，拚命記住大家的名字。

接著，我在第一次和同學搭話時，叫出對方的名字。對方十分驚訝，我告訴他我是看座位表記住的，便開始聊天。

另外，首次班會時沒有人願意主持，我也主動表示想擔任主席。我的動機其實很簡單，只是希望能盡快融入班級。

國中畢業以後，我離開父母、住進學校宿舍、身邊沒有認識的朋友，我必須建立適合自己學習和生活的環境……這些恐懼、不安與焦慮充斥了我的內心。

因此，我打從開學就著手做些自己認為有利於班上的事情。同學們也早早就記得我，我藉由溝通得到大量回饋。

不知道該付出什麼時，不妨退一步想像怎麼做能讓事情發展變得更順利。

**無論是學校班級還是公司團隊，身為組織的一員，最有效的付出就是主動彌補團隊的不足之處。**

例如我一上高中便記住全班同學的名字。大家之所以對此抱持好感，是因為他們尚不清楚彼此的名字，容易導致溝通不良。

自從記住同學們的名字後，我便成為了班上的溝通中繼站，促進大家交流。誇張一點來說，是我彌補了過去欠缺的組織機能。

主動尋找團體的不足之處，並積極應對，周遭的人便會越來越信任你。

# 3 理性看待別人給的建議

接受回饋時，重要的是要分清楚事實與解釋。如果無法區分這兩者，回饋便無法發揮成效。

例如，一群學生在小組討論時，其中一人習慣打斷別人說話。其實他並沒有惡意，只是反應機敏、擅長舉一反三，卻忍不住想馬上說出結論。

當團隊中有這種成員時，討論的速度勢必會加快，但是被打斷的學生，會因此大受打擊而降低開口的意願。當然，有些人並不介意別人代替他發言，但這種人畢竟是少數，大多數情況都是氣氛變得死寂。

因此，當容易打斷別人的學生來詢問小組討論的回饋時，我會先告知對方事實，再加上我個人的解釋：「插話會破壞團隊氣氛，希望你能稍微關心他人的心情，聽到最後再發言。」

此時的關鍵在於**分別表達事實與解釋，然後接受事實**。收到回饋時，不見得所有資訊都符合己意。有時候聽了不免內心煩躁，想要回嘴反抗，但忽略事實便無法成長前進。

先接納事實，再思考如何活用該事實的解釋，才是正確的方式。例如，我告知該學生，打斷別人發言會打擊其他人的士氣，是單純的事實。接受事實後的行動，則是根據我的解釋（建議）決定。

這種思考方式，能更冷靜的把來自四面八方的回饋視為「禮物」。

## 擅長付出的人也擅長接受

**收到別人贈禮時，自己也要積極回禮才行**。如此一來，回饋的循環才能運轉得更加順利。

先前提到「給予比接受更難」，以及給出建議時要「仔細區分事實與解釋」，將有利於對方接納。

實際上執行後便會明白，指點別人時要小心翼翼，尤其是負面的內容可能會傷害到對方，令人難以開口。

如果能區別出事實與解釋，即便是負面的事實，也能藉由正面的解釋來轉換氣氛。此時的重點在於讓對方感覺到「回饋是來自他人的禮物」。

像谷歌這樣的跨國企業，共通語言是英語，來自非英語系國家的員工經常因此遇到困難。但若將事實與解釋分開，並禮貌的告知你對對方的期望，即便言詞有些笨拙，對方多半都能接納。

建立起互相回饋的關係，能減輕彼此的壓力，逆耳的忠言也能視為禮物。其實，培養出擅長接受回饋的能力後，更容易收到來自周遭的建議，形成良性循環。

當其他人明白你的心態時，想要開口也會變得輕鬆許多。因此，重點是向身邊的人展示自己的態度。

期盼你能做到這一點，不只接受，也要大方的給予。

## 4 別只靠網路，有用的資訊得找真人

自從在谷歌工作之後，我比以前更常收到回饋，也明顯提升了自我效能。例如，一起工作的同事會直接跟我說：「這個部分做得非常棒，要是加強其他地方，就更能發揮你的強項。如此一來，成果就會更加美好。」

換句話說，大家不是把一般的正確答案強加在我身上，而是期待我能發揮專長，進而成長。

工作時想發揮自己的特質，需要的是從周遭的人獲得重要的回饋，而非按工作手冊照本宣科。

求職也是一樣。直接向社團或研究室的前輩諮詢，並獲得建議，能夠擺脫那種「無關痛癢的正確答案」的教條式思考。

藉由真實的回饋，釐清自己真正想做的事，以及為了實現夢想要朝哪個方向

邁進等。

不僅是周遭的前輩，企業的人資等也能給予相關回饋。另一方面，參加面試、就業活動，直接接觸其他求職者，能帶來直觀的刺激，幫助你從腦中篩選出重要資訊，更清楚自己應當前進的方向。

如果沒有這些真實與直接的情感刺激，人們就無法真正從內心獲得認同感。也就是說，與其透過書本或網路，不如從真實的人口中得到資訊，更能讓人信服。因此，求職時需要具備一種跳進他人世界的勇氣。

## 找真人商量更能早日找到答案

越來越多人將謀職視為闖關，有標準做法時，這件事就變得更加理論化、系統化。近年來，網路上的求職相關資訊更是浩如煙海，多數求職者都溺死在資訊海中。

尤其是新冠疫情期間，無法與人面對面互動。許多企業與個人都仰賴 X

（按：舊名 Twitter）與 Instagram 等社群媒體發布大量資訊。但也多虧線上活動盛行，舉辦了大量的線上求職研討會。

現代社會新鮮人多是數位原住民，這樣的環境對他們而言，反而是如魚得水，卻也因為如此，吸收了一堆教條式的資訊。

然而，這群人卻鮮少有機會接收到來自真人的回饋，難以釐清資訊的真正意義、該如何活用，以及利用這些資訊可以得到什麼？

我認為這對現代的求職者而言，非常不幸。**倘若沒有對象可以互相討論想法，便無法有效的進行試錯**。結果導致許多人蒐集的資訊，無法轉換成自己所能吸收的形式。

換句話說，人們在這個過程中無法內化資訊、理解其本質，這使他們感到更加焦慮。因此，越來越多求職者只能保守的找工作，心態變成「因為大家都這麼做，所以我也這樣做」。

序章中提到，有學生曾請教我：「做自我分析對找工作比較有利嗎？」

網路上充斥各類自我分析的方法，任誰都能照做。但是，這些資訊無法成為足以改變心態的真正回饋，「我做了，但我為何要這樣做？」的問題沒有得到解答，反而使人陷入無邊無際的壓力與不安。

想要擺脫這種情況，需要的是「勇敢跳進去，事後再思考」的行動力。

例如，想成為空服員的人，應該先找從事相關工作的大學學長姐尋求建議。實際聆聽學長姐分享的工作經驗後，發現和網路上查到的資訊大相逕庭，才察覺到這不是自己真正想做的。

這種時候，他們就會開始思考：「我究竟想做什麼？」接著，他們可能會得到這樣的答案：「我想發揮接待賓客的精神，或許應該把旅館業也納入求職的選擇。」於是，再去尋找相關產業的前輩請教。

反覆行動與反省，就無須獨自面對壓力與不安。

相較於書籍與網路上的資訊，實際經歷更具有說服力，能讓人更有勇氣的邁向下一步。

新冠疫情導致大家減少面對面交流的機會，對求職者造成相當大的負面影響。正因如此，現在的求職者更需要具備積極的個性，自行創造接觸他人的機會，聽取真實的經驗。

當然，自行思考和反覆試錯也可以，但是這麼做無法客觀確認最終成果，仍舊得惶恐不安的迎接面試。若是經過思索後再請教其他人，即便對方只是淡淡說了一句：「可以試試看啊！」也能讓人產生積極向上的情緒和動力，進一步肯定自己的決定。

接觸形形色色的意見或許會讓你感到混亂、不知所措，卻也提供了深入思考的機會，相較於單憑蒐集而來的資訊來求職，透過不同的觀點，在正式面試時的表現必定有天壤之別。

**無論內容如何，思考後所吐露的言詞，必定能打動面試官的心。**

## 5 向越多人請求指教

到目前為止，我們談論了回饋的重要性。入職之後，你也會不斷收到主管、顧客與前輩等人的回饋。因此，早早養成習慣，絕對不會吃虧。

我相信，**生活的輕鬆程度，與給你回饋的人數成正比**。他人的觀點充滿各種新發現與學習機會，因此，向越多人請求指教，日子就能過得越輕鬆。

假設你要搬到一個陌生的地方，當地人對於如何過上更高品質的生活，肯定有更多的資訊。但是，倘若對方不信任你，自然不會分享這些訊息。

換句話說，搬家後的第一要務，是要與更多當地人建立信任關係。越多人信任你，越容易獲得生活所需的資訊，也能更快的適應新環境。

此時，最重要的是抱持謙虛的心態，說：「我才剛搬來這裡，什麼都還不懂，請大家多多指教。」

這其實和促進自己成長的心態有異曲同工之妙。

「我的想法與行動或許有錯，還請多多指教。」時時謙遜的請教他人、尋求回饋。看似理所當然，卻是相當重要的心態。

第 2 章

# 尊重他人的獨特性

# 1 不一樣是理所當然

像谷歌這樣不斷發展的跨國企業，可以描述為聚集了一群強大個體的團體。由這些人所組成的組織，每個人的強項與弱點一目瞭然，因此，企業需要大家互相尊重對方的長處，同時也彌補彼此的不足。

谷歌的做法如同序章中所提到，員工必須具備「團隊合作者」的特質。這是一群無論是以個人還是或組織成員身分，都具有吸引力的人，所以才能展現巨大的影響力，加速成長。

換句話說，期盼缺乏獨特個性的人所組成的團隊發揮實力，根本就是緣木求魚。所以，像谷歌這樣的跨國企業更喜歡僱用有特別專長的專業人員。

想要成為此類企業的一員，至少要先了解自己的優勢，也就需要分析自我。

但是，專業程度越高，往往越容易陷入自以為是的處境，導致視野變得狹隘。雖然也有些人是了解自己的極限後，反而有想突破的動力，然而這樣的人寥寥無幾。

在谷歌，身邊都是與自己個性大不相同的同事，和這些人合作，能看到自己所看不見的盲點，加快自己成長的速度。

也就是說，想要成長，理解和尊重他人及自己的獨特性至關重要。話雖如此，尊重他人的獨特性並不簡單。我進入谷歌工作時，印象最深刻的是印度人毫不守時。

我和印度分公司的同仁，原定召開三十分鐘的線上會議，對方卻遲到了二十分鐘。剩下的十分鐘，我以最短的時間來確認最低限度的工作內容，對方卻又花了將近二十分鐘，跟我分享他最近養的寵物。

當時我剛好有空陪對方聊天，因此就留下來繼續聽他說。不過，我內心不免擔心是否能將工作託付給這個人。

會議結束後，我立即聯絡主管，得到的回覆卻是：「印度人掌握時間的方式很獨特，與日本有天壤之別。不光是跟你開會的那個人，他們的整體步調就是比較緩慢。你今後還要和他繼續共事，應該思考的是如何在尊重對方的同時，順利達成目標！」

後來，在定期舉辦的亞洲地區人資大會上，會議開始前兩分鐘，印度團隊的所有人都跑去買咖啡。其他亞洲團隊看到也都笑說：「印度團隊真的很隨興。」

這種差異基本上源自生活型態與文化的不同，即便抱怨，對方也無法立刻改變。與其思考對方是否應該改進，更重要的是如何接受對方的習慣、學會如何和平共處。

換句話說，對我們而言理所當然的常識，對某些人來說可能不是如此。藉由發現與他人的差異，重新審視自認為天經地義的價值觀，這也是相當重要的經驗和能力。

## 2 谷歌最重視使用者至上

當今混沌的時代充滿了不可預測性。換句話說，過往的常識根本不適用於現代社會。

不僅是眼前的問題，為了因應時代變遷，今後還會陸續出現新的需求，我們也必須盡速解決。而這個循環，將一年比一年短。

現代社會所需的解決問題能力，是不受常識束縛，以最少的資訊找到符合邏輯、最快速的應對方案。

此時，重點是發掘問題的本質。前文曾提到，專業人士容易陷入自以為是的處境，而解決問題時，無論多麼迅速得到結論或答案，自以為是的想法都無法派上用場。

這就是為什麼谷歌重視「使用者至上」（user first）。

換句話說，必須經常秉持這樣的心態：對顧客而言，需求的本質為何？該怎麼基於顧客的利益解決問題？

## 使用者，不只是指消費者

使用者至上的觀點也能套用在人際關係上。例如，先思考對方想做什麼、想要什麼。如此一來，便能發現對方的獨特性，也就是本質。

特別是在處理未解決的問題時，如果不能理解對方的立場，不僅無法進行建設性的意見交流，甚至連討論的起點都沒有。

我在谷歌工作的期間累積很多這種經驗。例如前文所述，印度人和日本人對時間的認知天差地別。

這種時候要先放下自己的常識，站在對方的立場來看待事情，了解對方在想什麼。然後繼續對話、尋找交集和共同目的，為達成目標做出貢獻。我因而養成總是試圖找出對方獨特性的習慣。

在交談時，只要尊重對方的個性，便能建立信賴關係，無須在意自己認定的常識。

## 使用者至上的本質

思考團隊的目標與活動內容時，使用者至上的觀點不可或缺。

高一那年的校慶，我曾在班上提出：「什麼樣的活動會讓今年觀眾感覺更新鮮？」最終決定做馬賽克貼畫。

回想當初的提議，正是使用者至上的觀點。

造訪攤位的人，對我們而言便是使用者。首先，我們必須思考來賓們想看到什麼內容？

如果我們的活動和其他班級一樣，對方想必會覺得沒有新鮮感。既然如此，不如做點不一樣的。

我的提議便是把班會的討論焦點從「我們該做什麼」，進一步延伸為「該為觀眾做什麼」。

當時，班上大多是文靜、內向的同學，不太擅長運動。我認為，或許有同學討厭跳舞，卻無法說出口。考慮到團隊成員的感受，其實也是一種使用者至上的想法。

對觀眾來說，有價值的究竟是A還是B？不先思考其中的本質，就無法回答這個問題。

校慶時的班級活動，究竟該依循前例，還是挑戰沒有人嘗試過的新意？問題的本質在於「觀眾」。

這樣的想法也能套用在大學生的團隊研究和畢業論文上：大部分人為了挑選簡單的專題題目，通常都會試圖討好指導教授。但是，真正的顧客隱藏在指導教授背後。

從「研究是為了什麼和誰」的角度出發，著眼點與該做什麼想必會隨之改變。但是，問題的難度往往也會提高。

這正是發揮彼此獨特性的大好機會，提出各自想得到的點子，互相協助，一同實現。

此外，使用者至上的觀點也能用於自我分析。

例如，分析自己的強項時，可以先想想身邊的人通常拜託你幫忙做什麼事。

如此一來，便能發現出乎意料的優勢，也就是自己的獨特性。

## 3 這裡不存在「不說你也懂」的默契

使用者不一定指顧客，也包括商量的對象、組員與同學等人際關係。這些人的共同點是「你必須利用自己的時間，為對方提供某種價值」。

我在谷歌工作時，負責招募社會新鮮人。對我而言，客人不是使用 Gmail、Google 日曆（Google Calendar）以及觀看 YouTube 的用戶，而是前來應徵的求職者，以及在面試中代表我與求職者對話的同事們。我在工作時，必須站在這些人的立場來思考。

人資部門的成員也是國籍各異，語言和習俗都不盡相同。和這些人共事時，一開始就必須抱持「不一樣才是理所當然」的心態。不同於和相同國籍的人共事，沒有所謂不說出口也會懂的默契。所以，溝通的前提是說明、反覆協調，並逐步建立信賴關係。

無論是面對面試官、求職者還是同事，都必須秉持相同的心態。仔細掌握對方期待什麼、為了什麼而煩惱，才能發揮出彼此的能力。

舉例而言，日本人的禮儀是遲到時要說明理由，例如，突然有急事或電車誤點，接著向對方道歉。但是，印度人則認為時間是自然流逝的，不是左右人類的工具。

因此，站在印度人的觀點，開會時稍微遲到不是什麼大事。當對方忘記要開會，並且說出：「時間會自然流逝，請別在意。」已經很充分的表達他們缺席的理由了。

這對我們而言是個不可思議的觀念，但若是對對方破口大罵，只會破壞雙方的信任關係。也就是說，**討論哪一方才是正確的，是沒有意義的行為，以彼此不同為基本前提，才是應有的態度**。

尊重雙方差異，才能充分發揮彼此的獨特性。

簡單的說，使用者至上觀點就是從他人的角度看問題。**站在和自己打交道的人（顧客）的立場，理解彼此的差異、跨越鴻溝**。這是克服歧異、互助合作最重要的前提。

日本是個島國，居民的生活奠基於相似的文化。每個人都會說日語，且擁有悠久的歷史。因此，「察言觀色」這樣的觀念才會成形。

對於想要和世界接軌的年輕人而言，在共通點過多的社會環境出生，是成長的一大障礙。

為了與世界接軌，必須接觸文化截然不同的人們，彼此磨合、克服差異。但是，一般的生活中很難有這種體驗。

然而，像我這樣來自鄉村的人，光是去到東京等大城市，就有機會遇上許多陌生的事物。事實上，當我離開家鄉的村莊，到城市裡讀高中時，我就已經敏銳的意識到，這世上還有很多與我認知不同的常識。

高中畢業後，我就讀國際基督教大學（International Christian University，簡稱為ＩＣＵ），接著進入ＩＢＭ和谷歌工作，遇到了許多外國人，更是多次體驗文化差異的衝突。

我覺得自己很幸運，能夠擁有這些經驗。

現在的社會扎根於同質性高的文化上，但逐漸趨向於強調個人特色。即使大家來自於同一個國家，性格也迥然不同。大環境對於現代人的要求，開始秉持正確看待差異的心態，與利用這些差異的技能。

在這種環境中，想要與不同想法的人建立信任關係，並發揮自己的獨特性，首先必須具備從他人角度看待事物的使用者至上觀點。

這樣的觀念不僅對想要活躍於世界舞臺的年輕人十分重要，學生或社會新鮮人也必須重視。

# 4 那個喜歡F1賽車，而被谷歌錄取的人

每個人都具備獨特性，包括你自己。希望你在**進行自我分析時，從「是什麼讓我與眾不同」的角度，用語言描述你的優勢**。

以下是我在谷歌擔任人資的一次經歷：

學生A通過了第一次甄選，正在準備第二階段的面試。

我事先找了幾位學生一起面談，想藉此聊聊，並協助他們準備第二次甄選。求職中的學生都非常用心的準備，請大家自我介紹時，都能立刻口若懸河的介紹自己。

A也是一樣。我請他分享「認為自己絕對不會輸人的強項」時，他滔滔不絕的說出了容易給人留下好印象的回答：「我讀了很多商業書，這方面的知識我不

會輸給任何人。」、「我很積極參加商業創意比賽，擅長站在人前說話。」

這些都是了不起的功績，卻也是很多學生都會掛在嘴邊的宣傳詞。

我想知道的是只有A才做得到的事情，於是我開口詢問他：「我想問的不是這些事情。你有什麼從以前持續到現在的興趣嗎？」

他思考了一會兒：「我不知道這算不算答案，不過我很喜歡F1（一級方程式賽車）。」

我聽了之後非常高興：「我就是想聽這樣的故事！」

**比起對方是否能勝任這份工作，不先了解對方是什麼樣的人，便無法判斷他在谷歌的環境中會不會繼續成長。**

因此，比起商業書和商業創意大賽，企業更在意乍看之下跟工作毫無關係的故事，想要了解對方打從心底關心哪些事情和興趣。

我繼續提問：「你喜歡哪一場比賽呢？」、「你對哪一位賽車手有興趣？」

我們一起看了YouTube影片，接著，我請他分享心目中經典的比賽和解說。

他不安的說：「同齡的朋友沒有什麼人喜歡F1，我也不覺得F1和谷歌有什麼關係，所以完全沒準備這方面的故事。不好意思，沒能回答得很周全。」

我告訴他：「這個興趣明確展現了你的特質，我覺得是很棒的經驗，可以再多說一點！」

接著我又問：「你覺得F1什麼地方最打動你呢？」

面對我的問題，A表示：「F1有很多限制，每一位車手必須在規則的限制下，透過比賽展現自己的風格，非常有趣。」

「既然如此，谷歌或許有適合你的工作。」

谷歌的業務也包括廣告，如果A能投身於職業運動宣傳，既能協助運動產業發展，也能對谷歌做出貢獻。由於F1的受眾有限，因此，將範圍擴大到讓人興奮的職業運動，在求職時就能有更多選擇。

A聽了之後很高興，表示自己對第二次甄選充滿幹勁，最終也順利通過，進入谷歌工作。經過幾次人事異動，他目前的工作是製作體育相關的網路廣告。

## 肺腑之言才能打動對方

在A心中，喜歡F1跟找工作沒有絲毫關係，但我認為這個嗜好反而是他的強力優勢，藉由更深入的提問，A得以精準的表達自我。

如果我當時沒問出A對F1的熱情，在後續面試中，他便難以讓面試官知道自己的個性與熱情。正因為我抱持「每個人都很獨特」的心態，才能促使A說出他對F1的熱愛。

另一方面，A在回答問題的過程中，也開始接納為何求職必須做這些準備。過去A對自己缺乏自信，覺得面試時不要展現個人特質比較好。但是，**表達自己的關鍵在於如何將工作與自身的獨特性結合**。

其實，在第一次甄選結束後，當時面試官對A的印象是：雖然通過了，卻感覺不到他的真心。

Ａ的每個答案都標準無瑕，卻感受不到他非進谷歌不可的銳氣，所以面試官想在第二次甄選時確認Ａ的態度。

我在甄選前便和Ａ交談過，我所看見的Ａ是個活力充沛的人。因此，當我聽到面試官說他缺乏銳氣時，感到有些驚訝。

我在第二輪甄選前問了他許多問題，希望能發現他不同的一面。當然，我並沒有告知他面試官對他的想法。

Ａ之所以能進入谷歌，並不是因為他喜歡Ｆ１，而是他明確表達了內心的熱情。換句話說，Ａ在第一次甄選時，使用了錯誤的武器來表達動機。

第二次甄選後，面試官的評價是：當事人用自己熱衷的事物，表達為什麼想在谷歌從事廣告工作，以及未來的發展。我認為他是真心想做這份工作，能力也沒有問題，可以錄取他。

**引用別人的花俏詞藻，把毫無特色的回答掛在嘴上，無法打動面試官、留下深刻印象**。像Ａ一樣懷抱自信，用自己的話表達真正有把握的事，面試官才能感受到你的獨特與熱情。

## 5 打破成見，谷歌員工必修課

站在他人的角度看待事物的前提，是明白「不一樣才是理所當然」。但是，這個觀念有一個最大的敵人，那就是「認知偏誤」（cognitive bias）。偏誤意指成見、偏見。

換句話說，**扭曲的先入為主觀念就是認知偏見。而消除的方法，便是在腦中植入「不一樣才是理所當然」這一概念。**

以谷歌為例，所有員工都必須接受「破壞成見」（bias busting）的研習課程。這門課程是為了讓我們明白：我們的心中充滿許多種類的成見，工作時要有意識的排除它們，就連寫電子郵件時都必須注意。

每個人在成長過程中，或多或少都會培養出成見。我們在認識理所當然的事物時，起點各不相同。這種情況稱為「認知偏誤」，做決定時往往受到其影響。

即便你認為自己思想開放，其實也只是沒有察覺到偏見的存在。

因此，我們必須隨時保持警覺，問自己：「我做決定時，真的沒受成見、單方面的知識與資訊所影響嗎？」

而做到這件事的前提，就是要明白每個人都有認知偏誤，包括自己。唯有有意識的排除偏見，才能察覺到他人的獨特。

例如，當對方提出新點子時，我們往往容易基於偏見而否定。但是，對方的想法或許隱含無限的潛能，只是我們沒發現而已。

谷歌之所以舉辦破壞成見的研習課程，就是為了避免員工無意間抹消了可能促進企業成長的想法。面對突如其來的點子，不要認為對方缺乏知識與資訊而反駁，而是問為什麼在這個時間點提出這樣的想法、思考過程是什麼，以及自己是否忽略了什麼。

當你不帶偏見思考時，就會意識到各種可能性。

**具有多樣性和獨特性的人們一起工作時，彼此的優點和缺點都應該被視為武器，互相發揮**。因此，不僅要在表面上進行交流，還要察覺對方沒有用言語表達出來的潛在需求。

為了能夠幫助對方，你必須仔細思考對方可能沒有意識到的問題、優點與缺點。當然，要付諸實踐是一件非常困難的事，但對方總會無意中發出一些提示。只要有意識的察覺這些提示，溝通起來就會更加順暢。

總而言之，認知偏見對個人和企業的成長來說，都是最大的敵人。

我在谷歌工作時，也曾因為意識到自己的偏見，最終有所成長。當時，我是某個活動的企劃團隊組長，成員主要來自新加坡與印度。

我認為，如果不先決定時間，就無法選擇場地、估計人數和預算。因此，我在第一次線上會議中，說明了活動限制與條件，接著便提議先敲定一個日期，再做其他打算。沒想到眾人開始議論紛紛，有些人主張內容最重要，有些則認為是場地。

其中，B先生表示：「漂亮的辦公室才能打動來賓，俗氣的場地無法讓參與者感到高興。」

即便我指出場地需要有確切日期才能預約，B仍舊不肯讓步。而另一派主張首重內容的人則認為，參與者的體驗才是優先考量，日期、人數等數字問題可以稍後再處理。

這些想法都出自於他們過往的經驗，但我身為領導者，必須以效率為優先，最先解決容易成為瓶頸的問題。最後，我成功說服大家先定下日期，再討論其他細項。

幾天之後，我在一次聚餐時，問 B 為什麼如此堅持要先決定場地。我們沒能在 B 喜歡的辦公室舉辦活動，他顯然不太滿意。

他回答：「我曾經參加過一個活動，雖然內容很好，但場地不是很乾淨，讓我感覺很失望。因此，我希望自己主辦活動時，能選在乾淨、令參與者感到舒適的地方。」

我這才意識到，如果我當初知道 B 的這番經驗，就能更注重他的想法。於是，我提出彌補方案：「雖然不是你首選的場地，但你可以把場地布置得很漂亮吧？」他也同意了我的做法。

後來，我把場地布置的預算交給 B。基於他過往的經驗，相信 B 比我更擅長招待客人，便請他全權負責點心、飲料和司儀等工作。

對方聽了非常高興，在團隊中也變得更活躍，也多虧他的協助，活動非常成功。正因為我們排除了彼此的認知偏差，才得以發揮彼此的優勢。

# 6 你就是獨特的人

我想以我身為日本人、在跨國企業工作多年所觀察到的現象，說明「獨特性」這件事。

日本經常被認為是一個單一文化的國家，個性獨特的人較少。但事實上，每個人都有自己的獨特之處。只是大家共享的文化過多，人們才誤以為彼此之間沒有差異。

倘若語言和生活型態不同，為了了解彼此，就必須有意識的溝通。這樣一來，各種獨特性就會被言語化，成為彼此尊重並建立關係的契機。

然而，我認為日本職場上的溝通，過於相信彼此有共通語言與相似的生活型態，因而堅信無須多說也能相互理解。

簡單的口頭交代確實能解決許多問題，這樣的溝通方式普遍存在於許多地方，卻也形同放棄了解彼此獨特性的機會。

在重視和諧、習慣揣測他人用意的社會中，我們該如何才能發現他人的獨特性，提升成長的速度呢？

**第一步是了解自己本身就很獨特**。如同序章所言，不斷磨練自己的強項，鼓起勇氣，不隨波逐流，堅信自己的工作與生活方式，並抱持自信與驕傲，這種心態便是開創自己人生的原動力。

第 3 章

# 累積微小改善，成大事

# 1 批判性思考的練習

批判性思考（critical thinking）是谷歌重要的公司文化之一。而批判性思考體現於**不斷發現小問題並改善，這對員工或公司都至關重要**，但並不是指徹底改變或拚命否定往例。

第一章提到，回饋的循環永不終止。收到回饋後消化、吸收，便是批判性思考的一種。缺乏批判性思考的人，無法察覺需要改善的微小問題，也無法因此獲得成長。

而人類想要成長，需要的是馬拉松式的思考模式，也就是每天持續努力、不斷累積。只要秉持批判性思考，必定能發現問題。重要的是一步一腳印，確實改善這些缺點。

因此，我從學生時代起，就開始思考日常生活中的小事，例如：「我是否會毫不猶豫的堅持我一直在做的事情？」、「處理事情時是否有我自己的風格？」透過這些問題審視自己的行動，花一點心思改進，在面試等場合上，就有更多能夠展現自己的故事。

其實，就連每天上學、上班的路線，也能進行微小的改善。以我為例，我每天騎自行車上班，從家裡到公司，有無數條路線可以選擇。

雖然我想找一條快速、安全，行人和交通號誌都比較少的道路，但這些條件每天都會有新的變化。因此，我會考量各種因素，稍微發揮巧思，在每次通勤時嘗試新的路徑。

像這樣的小事，也是練習批判性思考的機會。

## 成年後的叛逆期

倘若沒有意識到自己身處舒適的環境、輕易接受現狀，便無法培養出批判性思考的思維。

以我所在的日本為例，日本是一個運作機制非常完善的國家。例如東京，路上幾乎看不到故障的自動販賣機，電車也鮮少延誤。這看似理所當然，在許多國家卻是相當罕見。

即便身處在生活機能發達的國家是一件輕鬆的事情，我們也應該保持質疑的態度，去發現其中的改善空間。

批判性思考的習慣，無論是在校園生活、公共活動或是職場中都非常實用。發現問題與思考如何改進，都是長期工作所需的重要能力。批判性思考就是這些能力的基礎。因此，求職時如果能分享你透過批判性思考找到問題，並從獨特的角度改善事情的經驗，會給面試官留下好的印象。

以我為例，我大一時曾在餐飲店打工，當時的老闆們因為生意欠佳而煩惱，正在討論該如何宣傳，或是開發什麼樣的新菜色，才能吸引、招攬更多顧客上門用餐。

這時，我對他們說：「你們是想提高營業額還是利潤？這兩者的解決辦法不同。」並以工讀生的角度，指出廢棄食材的問題，也給出許多改善的建議。最終，利潤稍稍提升，工作也變得輕鬆一些。

即便只是一名工讀生，也不應當完全消極的聽從老闆命令，而是主動積極的參與並發現問題，這展現了我的批判性思考。企業招聘時非常重視這種具備當事人意識的思維能力。

以下再舉一個我個人的例子。大二時，我對某堂課的作業感到疑惑，便私下前去請教老師：「為什麼會在這種時候出這個作業？」

老師聽完我的想法後，對我說：「這份作業是為了下一份作業所做的鋪陳，既然你已經發現到了，就不用特別準備，直接做下一份。」他也稱讚我能夠察覺到這一點很不容易。這樣的態度讓我的學習品質顯著提升，這也是一種積極的批判性思考。

老師當時也對我說：「不僅要關注眼前的事，也要思考未來可能發生的情況並未雨綢繆，這正是我們在大學中所教的批判性思考。」

我從小就經常對父母表達我的質疑與好惡，所以你可以說我原本就具備這樣的思維，家中的規矩也因此有了某些改變。不過，這也多虧我的父母願意聽取和採納我的意見。

從某種意義上來說，或許我的叛逆期仍然持續著。

## 2 我沒有失敗，只是學到行不通的方法

近年來，越來越多求職者認為，自己要有很強的優勢才能顯得突出。然而，優點其實只是個性的一部分，並不存在所謂的「標準答案」。正因如此，批判性思考才變得更加重要。

批判性思考是培養獨特優勢的最佳方式。**透過問問題，人能夠不斷成長，發展出自己的特質。最終，這些特質將成為一種獨有的武器，並真正體現出個體的獨特性。**

每個人打從出生，就是特別的八十億分之一（按：截至二〇二四年四月，全球人口已突破八十一億）。

從這個角度來看，我們每個人都以獨一無二的方式起步。希望你能對此感到自豪，無論優勢多麼微小，也應該主動尋找發揮的機會，總有一天會找到適合的

工作。

不怕失敗，勇於嘗試是非常重要的，因為只有這樣才能磨練自己的優勢，熟悉其用法並不斷變強。

美國發明家湯瑪斯・愛迪生（Thomas Edison）曾說：「**我沒有失敗，只是發現了一萬種行不通的方法。**」他在尋找最適合當作燈絲的原料時，不斷思考為何失敗並持續嘗試，心裡只想著該怎麼做才會成功。積極制定假說，反覆驗證。

我們經常將「嘗試與錯誤」掛在嘴邊，即使失敗了，最終也能獲得「為什麼無法成功」的寶貴經驗。這種學習態度才能促使我們，將每一次的錯誤一點一點修正，進而得到成長。

簡而言之，不需要因為失敗而氣餒。相反的，我們應該帶著好奇心去探索，像是：「原來這麼做行不通！」如此一來，就會更加積極的反省自我，並找到解決問題更好的方法。

失敗後，人們常常會想快點忘記這樣的經驗。然而，我們應該把想法改變為：「這真有趣，下次我再試試看其他方式！」

從外人的角度看，或許我的生活充滿敗北，但我認為，我的一生中從未真正失敗過，因為我從中學到了很多。這種心態讓我能在每一次挑戰中，找到樂趣和成長的機會。

## 我之所以錄取IBM

工作需要反覆嘗試和試錯。因此，視失敗為學習機會的態度，在任何公司都適用。當然，主管不會希望你重複犯下相同的錯誤。

每當部屬犯錯時，我會問他們原因及下次能否做得更好、會怎麼改進。就這樣，**反覆驗證假說，記取大量經驗，主管與部屬才能一起進步**。

然而，有些主管會在失利時勃然大怒，或是責怪部屬，讓部屬留下陰影。這應該是傳統的公司文化所致，而谷歌正巧相反，鼓勵員工多方摸索，即便沒有成功也沒關係。

當工作進展不順利時，不會有人以失敗（failure）形容，而會說這是學習機會（learning opportunity）。檢討時，不著重於找出失敗的原因，而是更重視你從中學到了什麼。

企業跟人一樣，懂得從失敗中記取教訓才能進步。求職也是同理，鮮少有人能在第一時間就能進入第一志願。

我過去也應徵過許多企業。參加第一志願公司的說明會時，我心想一定要被錄取，卻在第一階段面試就被淘汰了。

當時的我相當沮喪，便開始思考被淘汰的原因，才發現自己對求職的認知、做法和態度都過於鬆懈。從那時起，我更加努力研究各間公司，準備了許多得以在面試時分享的故事。

後來，我終於踏入最終面試，卻仍然沒有被錄取。於是，我向身邊的人請教：「為什麼我能進入最後一關，卻還是遭到淘汰？」

經過多次反省與其他人給予的回饋，我發現自己在最終面試中，總是講一些表面上聽起來光鮮亮麗，但沒有實質內容的話。因此，我決定只談論那些真正讓我快樂的故事，坦率展示自己的獨特性。

我之所以能通過最終面試，並順利進入ＩＢＭ，正是因為經歷了這樣的變化和成長。

## 3 和前一季一樣就好，這樣想是大忌

挑戰現狀也是谷歌的組織文化之一，也就是推動員工每天持續改革。

但是，「持續」並不是指逼迫大家像滾輪上的倉鼠，持續不斷的跑，而是更溫馨、平和的價值觀。

這個組織文化的前提，是每個人都有自己擅長的領域，並發揮強項、互相配合，進而創造新的價值。不是只完成既有的個人業務，而是將已經有的東西改良得更好，沒有的東西則靠自己打造。

因此，員工們必須突破現有的高牆，從根本改變想法。這種時候，每個人都要充分發揮自己的個性，利用自己拿手的強項來突破目前的局面。

換句話說，**谷歌的挑戰現狀，是對現況抱持「還能用」的期待，然後嘗試用自己的方法來改善**。因此谷歌規定，每一季都要和主管討論、決定自己的業務目

標，絕對不能說：「和前一季一樣就好。」

談論的內容一定要是：要做什麼才能變得更好？只要設定目標，大家就自然而然的實踐「挑戰現狀」。

正因為如此，每當完成一項工作時，主管必定會問員工：你發揮了什麼創意來完成工作？

谷歌員工的工作方式絕對不是靠犧牲睡眠時間，將原本能做到十項工作，變成二十項。

每個人都會想知道，當事人採用了什麼不同於以往的方法或創意，而能達成目標。當你為了回應這個問題而持續努力時，慢慢就會發現自己能做到什麼。

清楚掌握自己的獨特性，秉持發揮優勢的心態，你便能發現自己能在哪些地方發揮創意。

**透過不斷累積的小巧思，逐漸改變現況，是培養一個人的優勢和發掘才能的最短捷徑**。而這些累積起來的自信（自我效能），會成為在面對困難時，不輕易放棄、持續挑戰的力量。

在谷歌，只要提供和過去稍微不同的方法或分析角度，主管和同事們都會非常高興，因而形成了這種特殊的企業文化。這或許就是谷歌在徵才時，以錄取專才為目標，卻還是常見跨部門人事異動的原因之一。

我在人資部門時，主管曾安排一位沒有人資經驗的員工進入招聘團隊，期待他能帶來嶄新的想法。當然，其他同事們也很歡迎新同事，積極分享了他們的想法並讚賞：「這樣的角度很新穎。」

谷歌將挑戰現狀與發揮個性這兩種理念結合得很出色，因此，谷歌的員工經常能靈活的融合各種新點子，每天都能推出新的專案或創意。

# 4 谷歌的 10 X 目標設定

谷歌有一句關於訂定目標的口號——「10 X」（十倍成果）。

這句話的意思，並不是指必須取得十倍的成果，而是**制定新目標時，要經常思考「怎麼做」才能得到十倍的效果**。也就是秉持「以自己的風格改善現狀」的心態，邁向遠大目標。

以人資部門為例，我為了達到十倍成果，而設定了幾個新挑戰：從至今不曾僱用其畢業生的大學之中找到合適的人才，以及留住所有錄取的求職者。

累積微小的改善，是為了在混沌的社會中，找到正確答案。如果缺乏最終目標，只是埋頭苦幹完成眼前的任務，無法長久保持動力。因此，**谷歌強調趣味性和挑戰性，設立值得追求的遠大目標，也就是 10 X 思維**。

若單純以數據來看，我的 10 X 便是從每年招募二十個人，增加到兩百人。這看似不切實際，但10Ｘ的目的，是透過假想實驗思考如何實現，進而產生劃時代的新點子。隨著時間推移，累積微小的改善就十分重要。

另一方面，我也希望你想想，未來想實現什麼目標，以及為什麼要累積微小的改善，養成10Ｘ的思考習慣。如此一來，既能維持幹勁，又能從迥然不同的觀點看到需要改進的地方。

方才提到，我的目標是從不曾錄用的大學中找到合適的人才，和留住所有錄取的求職者，以業界的常識來看，這是不可能的任務。前者的條件異想天開，根本沒有必要設定這種限制。但是，刻意提高門檻，反而促使我思考並執行與過去截然不同的應徵方式。後者也是，無論是哪一家公司，總會遇到放棄錄取機會的求職者，但是我以此為目標，嘗試了各種嶄新的做法。

缺乏好奇心的人，無法訂定10Ｘ這樣的遠大目標。與此同時，你還需要具備逆向思考的洞察力。反過來說，10Ｘ能鍛鍊你的好奇心與洞察力，發掘你不曾想過的新穎點子。

在我進入谷歌之前，頂多只能想像兩倍或三倍的成果。當時的我非常想改善現狀，並活用自己的獨特性，也為此付出了龐大心血，卻不曾設定過10X如此遠大的目標。然而，加入谷歌後，我便對10X產生了強烈共鳴。

我想，這是因為我從以前便一直有積極看待事物的習慣，也就是「我絕對能做得比現在更好」。

## 我的10X目標

我在谷歌工作六年，本節將介紹我在這六年間的10X目標：從至今不曾僱用其畢業生的大學，找到合適的人才。

我剛進入谷歌時，我們錄取的求職者，一〇〇%來自過去聘用的大學的學生。原因很簡單，多數人會利用學長姐或社團前輩等人際關係取得相關建議，因此，自然會收到更多來自這幾間大學學生的申請，錄取人數也隨之增加。

員工們大多來自東京、大阪、名古屋等都會區的名校。即便來自鄉下，他們的母校前身也是帝國大學（按：指日本在明治維新時期〔一八六八年～一八八〇年間）到第二次世界大戰投降前（一九四五年）所設立之九所國立綜合大學），都屬於日本頂尖的大學。

然而，谷歌秉持多元共融（D&I，Diversity and Inclusion）的精神。因此，面試經理曾向我反應：「我們已經連續錄取三位來自東京A大學的畢業生，你考慮過其他大學的學生嗎？」

於是，在往後六年間，我致力於改善這個問題。最後，錄取了約莫十所新學校的畢業生，非都會區畢業生的錄取率也增加了四成。

從至今不曾僱用其畢業生的大學之中，找到合適的人才，不僅是為了符合企業文化，我心中還有其他目的：經過分析發現，儘管谷歌的品牌影響力非常強大，對求職者來說卻並非都是如此。

對於想轉換跑道的人，谷歌是熱門的選擇。然而，初次求職的人卻有谷歌只錄取工程師、不會錄取剛畢業的學生這樣的偏見。但事實是，我在人資部門工作時，從來不曾聽過這種的聲音。

因此，我積極向許多大學宣傳谷歌也會錄用應屆畢業生，改善公司徵才方面的多元性。相較於傳統企業，谷歌的執行力高，應屆畢業生錄取比例很快就有了變化。

對於谷歌的使用者來說，更光明的未來是什麼樣子？我們能做出哪些貢獻？這是所有谷歌員工都具備的思維。

解決眼前的課題很簡單，只要趕緊著手就可以了。但是，谷歌之所以與眾不同，是因為我們總是試圖找出尚未浮上檯面的問題，並加以解決。這正是谷歌引以為傲的競爭力根源，也是至今持續成長的主因。

我的內心深處也已經養成了這樣的思考方式。所以，每當遇上能發揮批判性思考、嘗試打破現狀的求職者，總令我興奮不已。

第4章

# 願意成為神隊友

# 1 每個人都有做不到的事

前面幾章再三強調了利用優勢的重要性，但是，你並不需要自己攬下所有的工作。

如同序章所言，團隊合作者是跨國企業的錄取條件，在團隊中能發揮強項也同等重要，僅憑一己之力能完成的事情少之又少。如果你有團體運動或工作經驗，或是曾對某事感到挫折，想必能明白這一點。

因此，接下來要介紹的是如何兼顧個人與團隊。

首先，每個人都有做不到的事，但一定也有你擅長、甚至是只有你能做到的事情。**深刻體認自己與他人的差異，是團隊合作的出發點。**

請回想第二章提到的：藉由發現與他人的差異認識自己。關注他人的獨特之處，並從對方的角度看待事物，能讓你更順利的融入團隊。

當然，不可能一開始便萬事順遂，人人都會遭遇失敗，所以，最好趁年輕時盡可能的犯錯。

無論規模大小，發現團隊合作的機會便積極投入，累積成功與失敗經驗。透過這些經歷，朝共同目標前進後，思考為什麼能成功、為什麼遭遇挫折。這是發掘自己優勢的好機會，也是未來求職時能派上用場的好故事。

更重要的是，秉持加入團隊後再釐清自身優勢的心態，而不是等到確認自己的強項是什麼之後，再加入團隊。

## 因為沒自信，所以才做得到

即便對自己的強項沒有自信也沒關係。甚至可以說，對此缺乏自信的人更適合團隊合作，因此你無須擔心。**參考他人的回饋，同時透過團隊合作慢慢培養自信即可。**

我也是一個沒有自信心的人，因此，我會這麼想：「正因為我一個人什麼都做不到，所以才需要借助他人的力量。」

我的合作精神，正是由於缺乏信心磨練而成。受到團隊其他成員幫助，我也努力回饋他們，不知不覺中，我能做到的事情就增加了。

以我為例，多次在眾人面前即興演講後，我開始認為自己可能很擅長在人們面前發表。因此，升上高中後，每當要決定小組報告的發言人時，我總是積極自薦。反覆嘗試後，我更加確信公開演講是我的強項。

想幫助身邊的人、想為團隊貢獻的心意，讓我逐漸發現自己的優點。每當遇到自己幫得上忙的事情時，我便積極嘗試，慢慢培養自信。

我深刻感受到，**比起單純為自己努力，為團隊努力所帶來的持久力和成長速度更為強大**。當你為了團隊的成功而付出時，不僅會激發出更多的動力，與他人合作的過程中還能不斷學習和進步。

## 2 對別人的支援懷抱謝意

要團結一個團隊有很多訣竅，例如：設定共同目標、賦予任務價值、和主管一對一面談等。然而，這些不過是方法論。

更重要的是，**創造一個能感謝彼此存在的環境。團隊成員間要建立超越單純同事的關係，把對方視為獨特的個體，深入了解和認識，在不同觀點上尊敬對方，並共享這些想法**。

主動對同事伸出援手，對方總有一天也會幫助自己。從此刻開始，培育欣賞與尊重之情，這樣一來，團隊的凝聚力會逐漸增強，也會有更豐富的新點子。個人與團隊的表現都將因此更加傑出，**理想的團隊合作是能夠打造這樣螺旋式的良性循環**。

我在谷歌時深刻體會到，假如我在工作上遇到麻煩，同事一定會來協助我。

實際上，我確實屢屢受到旁人協助，也曾經詢問他們：「為什麼你們願意對我伸出援手？」

幾乎所有人的答案都是：「因為我也曾經接受別人幫助。」

在谷歌，大家都會直接向同事表示感謝，例如：「謝謝你曾經幫過我，這次輪到我了。」有時，也不一定是回饋給當事人，而是將這份感謝之情，轉化為對其他人的幫助。我時常感受到感激之情在團隊中傳遞，這是非常寶貴的經驗。

**如果你希望他人伸出援手，首先自己要積極幫助他人，創造互助的循環**。這一點就如同回饋，給予是很重要的。

當然，我也並非一開始就具備付出的精神，這是經過長時間的經驗和反思，而逐步養成的。

## 滑雪不只是個人競技

我的團隊合作初體驗，也就是發現周遭的「付出」，並懂得表達感激，是在我升上高中之前。

當時的契機是高山滑雪（alpine skiing）。滑雪是我堅持最久的運動，我曾多次參加滑雪大賽，也交出了不錯的成績，並努力受訓成為選手。

高山滑雪的比賽一旦開始，就必須一個人朝目標邁進，歷時約一分鐘。時間並沒有短到不知不覺就抵達終點，過程中會讓人思考很多事情，可以說是相當孤獨的一項競技。

比賽時，唯一能依靠的人只有自己，別無選擇。除了比賽，平常練習時也是一個人。

當我的成績沒有進步、缺乏幹勁時，也曾心想：「從雪坡上方一路往下滑，到底有什麼樂趣？」

然而，在我煩惱的同時，想起我之所以能天天到滑雪場練習，都是多虧家人接送；訓練結束後，教練會在終點等候，並給我具體的建議：「剛剛在第三桿時似乎絆到腳了，下次要當心。」這讓我意識到我並不孤單，而是有許多來自周遭人的幫助。

過去的我，從未察覺我其實是和身邊的這些人一起參加比賽。然而，我感受到了許多人的支持，於是反省自己過去自私的練習態度。原本比賽中令人厭惡的孤獨感，也在不知不覺中消失。自此之後，我開始有意識的去感受周遭的付出。

從那時起，無論是在學校還是公司，我總是積極留意身邊發生的各種事情。例如：「這次簡報之所以能順利完成，都是因為○○在背後為我準備。」無論是在任何團隊，總是有些不顯眼但極為重要的貢獻，值得被注意和感謝。

倘若我當年參與的是其他類型的團體運動，或許反而不會這麼重視團隊精神。正因為滑雪是個人競賽，讓我更深刻體會應當對眾人的支援懷抱謝意，並察覺這些細微的貢獻。

## 付出能帶來好運

過去在寫畢業論文時，我也曾經因為小小的付出，而獲得巨大的幫助。

有些人的論文需要團隊一起研究，但是多數人會選擇單獨進行。我也是如此，長期獨自一人作業。

有一天，我和一位一樣孤單的朋友交談，他說：「雖然大家的論文題目都不一樣，也還是可以聚在一起寫論文。」

因此，我決定率先行動。一方面是為了自己，一方面也希望能對大家有所幫助。於是，我在圖書館租借了一個空間。我想為參加的人提供一個快樂寫論文的環境，如果大家能因此有所交流而獲得新點子或刺激，就更好了。

對我而言，這個「畢業論文聚會」非常有意義。

我的畢業論文主題是探討伊斯蘭世界的金融體系，因此，我研讀許多金融主題的書籍。然而，在伊斯蘭國家中，金融與宗教有著密不可分的關係，我卻缺乏這方面的文化、人類學知識。

幸運的是，聚會裡有人的研究主題是穆斯林（即伊斯蘭教徒）文化，他給了我很多有用的意見。多虧他的幫忙，我的論文品質明顯提升。

當然，人生不見得每次都能遇到這樣幸運的偶然，不過這個經驗令我印象深刻，深深體會到些微的付出就可能為自己帶來好運。

# 3 別把個人價值觀強加他人身上

一般面試時，面試官都會問求職者是否有團隊合作的經驗。**所有企業都是團隊工作，自然會想知道求職者能否和他人合作。**

序章提到我大學時期曾擔任舍監，在面試時總會分享我的宿舍生活。由於我住的宿舍是由學生自治管理，因此，我處理過許多複雜又個人的日常問題。我藉由描述這段經驗，強調自己是適合帶領團隊的領袖。

然而，直到今日，當我回想起失敗的經驗（也就是不曾在面試時提到的經驗），從中學到了許多教訓。

例如，我是個愛乾淨、會認真整理房間的人。但是，宿舍裡總有些人不喜歡打掃，整間宿舍並不算整潔。這件事情一直讓我感到煩躁，因此，我決定透過擔任舍監，來改變大家的習慣。

我所做的第一步是制定規則。當時的我認為，只要存在規範，大家自然就會遵守。然而，這個做法卻沒有效。

大家在面對課堂小組報告時，通常只要分配好工作，在繳交期限做好自己的那一部分、並整合起來，就能順利完成作業。這是因為當小組的利益一致時，更容易產生動力。

但是，宿舍聚集了許多各式各樣的人，且沒有必須達成的目標，缺乏明確的利害關係。有些人想過懶散的生活，有些人喜歡忙碌，每個人對生活態度的看法有差距，難以互相理解。結果就是，少部分的人不願意遵循規定，宿舍還是一樣髒亂。

其實不只宿舍，任何團隊中的每一個人，都有各自的想法、優缺點，以及擅長或不擅長的事物，唯有了解彼此的特質，才能踏出合作的第一步。然而，當時的我並沒有留意到這件事。

首先，團隊合作需要一個清楚、共同的目標，儘管我提出「大掃除」的建議，也不是每個人都能認同。**乍看之下，這是為了公共利益所提出的目標，其實**

**只是把我個人的價值觀強加在其他人身上**。也許正是因為發現了這件事，才有人拒絕合作。

無視眾人的想法，以為制定規矩就能改變大家的行動，是相當傲慢的舉動。這段往事，是促使我成為團隊合作者的重要經驗和契機，也教會我：**想成為懂得團隊合作的領導者，就不能以自我為中心、獨善其身**。

當然，在一個團隊中，不只是領導者必須具備這樣的態度。**如果其他成員們都驕傲自滿，就無法發現彼此的努力、貢獻與意圖，更無法發揮合作的力量**。

例如，團隊中原本從不發言的人突然發表意見，背後一定有什麼原因。這種時候，重要的是了解對方為何突然發言、為什麼突然採取這個行動。

又或是分配工作時，總有人每次都只想負責整理資料。此時，比起單純交代工作，詢問對方為什麼想這樣分工，才能真正了解對方。或許他是單純喜歡整理書面文件，也可能是不擅長在人們面前發表言論。

當你了解其他人的意圖時，便能察覺對方默默付出的努力和貢獻。無論團隊中的成員有多優秀，倘若每個人都選擇依照自己的方式獨立行動，團隊總有一天會瓦解。

正因如此，**谷歌等跨國企業在招聘時，首先要求的並不是具備強烈的個性，而是懂得團隊合作的精神。**

# 4 神隊友比好主管更值錢

我透過擔任團隊領袖，累積了許多珍貴的經驗。因此，我建議你一旦獲得這樣的機會，一定要積極把握。透過領導團隊，能培養出不同的視野和心態。

但是，這不代表每個人都必須經歷過這個角色。能左右團隊合作結果的，領導能力與追隨能力同樣重要。如同序章所言，**團隊要朝目標前進，不只需要有人領導，也要有其他人願意支援**。

儘管如此，市面上的書籍大多數都是關於如何當個好領袖，少有人探討如何當個好隊友。

不少人在求職時，最煩惱的是如果自己沒有領導過任何團隊，面對相關問題時，究竟該說些什麼。

但其實這樣的人，反而多半都是「神隊友」。

## 追隨也能鍛鍊領導能力

說到追隨能力，你可能會浮現人們跟在領袖身後的畫面，但其實，真正的追隨指的是「加速團隊行動」。

以我為例，我大學時曾參加壘球社。上大學前我從沒打過壘球，技術很差，只是一般的社員，無法上場比賽。儘管如此，我仍舊思考自己能為球隊做什麼，例如：練習時大聲喊出聲音、營造愉快的練習氣氛等，想辦法提振大家的心情。

即便以贏得下次比賽為目標增加練習量，倘若成員缺乏拚搏的心態，便難以提升隊伍的實力。但我認為，如果是在充滿活力、歡樂愉快的氛圍中，大家會更樂於練習，於是便想盡辦法營造這種氣氛。

儘管訓練相當嚴格，隊員們卻非常開心。所有人的行動都是為了達成贏得下一場比賽這個目標。這個例子明確說明了領導能力與追隨能力其實是一體兩面。

然而，並不是所有領導者都能展現其領導能力。此處的領導能力，是指對團隊的成果有責任感，會自行思考如何活用自己與他人的強項，積極為團隊貢獻的態度。

領導不需要頭銜。**只要有心，且積極為團隊貢獻，無論是何種頭銜，都可以利用經驗培養相關能力**。

如果要舉出沒有頭銜便做不到的事，我認為唯一的一個，便是決策。一般成員無法做出最終決定。例如訂定年度目標，即使每個人都有自己的想法，最終選擇權還是在領導者手上。

真正的領導者，是站在團隊最前線，並朝民主決議目標前進的人。

此外，如果你能確實展現追隨者的精神，將來一定也會有人請你擔任領導者的角色。那些為了達成目標而努力邁進的人，對於團隊來說至關重要，擔任要職也是理所當然的事情。

從這個角度來看，追隨能力或許也可以看作是一種領導能力。持續付出和努力，不僅能促使自己成長，還能獲得他人的認可。

換句話說，作為一名追隨者，也能在無形中鍛鍊你的領導能力。

## 5 谷歌人的口頭禪：「你需要幫忙嗎？」

額外努力（extra mile）是指為了他人或是公司，付出額外、原本不必要的努力。extra 指多餘、額外或附加的，而 mile 則是距離的單位。谷歌鼓勵人們在自己職責範圍外，還要協助其他人。

因此，儘管谷歌聚集了一群個性強烈的員工，卻不會只完成自己的工作，就當作一天結束了。在各種場合上，都能看到員工們互相幫忙。

額外努力可以說是追隨力的一種表現，也和谷歌重視的付出精神不謀而合。換句話說，就是**發揮強項的同時，思考自己還能進一步，或進兩步做什麼，並付諸行動**。

但是，如果團隊中只有一個人這麼做，那麼他會很吃力，逐漸消耗精神。當所有成員都具備額外努力的心態和奉獻精神時，才能離理想的團隊更進一步。

**谷歌的員工都是各個領域的專家，同時也是團隊合作者。因為這些人才齊聚一堂，並巧妙結合每個人的優勢，才能創造順應時代需求的創新解決方案。**

對谷歌來說，人力資源多元化對拓展全球業務非常重要。

例如，Google 地圖（Google Maps）在開發初期是十分新穎的想法，然而，卻難以適用於所有國家。

像谷歌總部所在地的美國加州（California），主要道路非常寬，一個方向便有六個車道。Google 地圖最初便是以如此寬敞的車道為前提設計，所以沒有考慮到普通汽車無法通過的狹窄道路。因此，當 Google 地圖引進日本時，發生了多起汽車駕駛進自行車道的事故。

我想，這可能是因為初期的開發團隊裡沒有日籍成員。當時的失敗讓谷歌意識到：想要推動全球化，團隊必須吸收各式各樣的人。

根據單一族群的常識打造某項服務或商品，無法將其推廣到世界各地，也稱不上是創新。正因如此，谷歌才相當重視員工多樣化。而**在多樣化的環境下，額外努力的精神，是團隊順利合作的基礎。**

**谷歌員工在完成份內工作後，會習慣性的詢問其他同事是否需要幫忙。**

當一個人能夠在職場上充分發揮自己的強項時，自然就會有額外的時間與精力協助同事。也因為大家都了解彼此的長處，所以更容易尋求幫助。

谷歌之所以能成為強大的組織，正是基於互助合作的團隊精神。

## 6 持續在團隊中磨練自己

接下來將介紹兼顧個人和團隊時，能為你帶來的直接好處。那就是，在團隊中經歷磨練，會使你的個性變得更加鮮明與強化。最重要的是，**身為團隊合作者，可以更輕鬆的從其他成員口中得到回饋**。

回饋的重要性如同第一章所言，在與他人互助、合作的過程中彼此切磋琢磨，能更有效培養自己的優勢。除此之外，也希望你思考如何活用自己的強項幫助其他人。

如此一來，既能做出貢獻、獲得認可與讚賞，更重要的是，還能增加展現個人優勢的機會，進而增強你的特質。

有時，當我和其他人競爭業績時，會覺得自己努力的方向錯了，甚至認為我沒有幫上忙，或是陷入我究竟有什麼貢獻的煩惱中，並對此感到沮喪。但是，之所以會產生這些疑惑，正是因為自己是團隊中的一員，且期許自己能產生更大的貢獻。

此時應該做的，是回到團隊合作者的觀點，向他人尋求回饋，並反思有哪些是只有自己才做得到的事。

為了團隊付出，能消除你的迷茫和疑慮，並強化你向前邁進的動機，這番努力最終將會結出甜美的果實。

**持續在團隊裡磨練自己，總有一天能發展成為一個強大的個體。屆時你就能自豪的說：「我是活用自己的優勢，做到了這些事情。」**

你可以透過轉換跑道、向公司申請人事異動，或加入自己有興趣的組織等，讓你的職業生涯更上一層樓。

求職也是一樣的道理。

從過去身處的團隊中尋找自己的優點，磨練並利用它們做出貢獻，在這段過程中建立自信。

面試時，結合你的故事和經歷，展現積極且獨特的個性。

如果你能夠鼓起胸膛，自信的說出：「這是我在團隊的支持下鍛鍊出來的強項。」求職之路想必能一帆風順。

第 5 章

# 做對的事

# 1 比起能力，谷歌更重視自律

五大行動原則的最後一點，是做對的事，也就是具備道德感的人。

道德聽起來很嚴肅，但並不是要求你當一個聖人。這裡的「道德感」指規範自己，例如：為了維持工作表現，注意自己的身體健康，或是抱持責任感，秉持認真的心態完成工作。

換句話說，**在人際關係中採取值得被信賴的行動，便是具備道德感**。

我曾經問過谷歌幾個組長相同的問題：「你希望團隊裡有什麼樣的人？」而大家異口同聲表示「有道德感」。有技術、聰明、英文能力好的人多不勝數，但是，比起這些專長，最重要的還是這個人值不值得信任。

例如，當設定的目標難以達成時，你是否能在道德上做出正確的決定。能夠思考何謂正確，並選擇那條路的人，才是最值得信賴的。

正因為我們活在沒有標準答案的時代，必須學會如何在這個混沌社會中，找到自己專屬的答案。這並不像一道數學題，按照公式計算就能得到唯一解，道德與這樣的問題毫無關係。

然而，對於沒有正解的問題，我們仍必須說服他人某個答案是正確的，否則無法解決問題。依照不同的邏輯，任何事物都可以被解釋為「正確」，包括某些陰謀論。混沌的社會就是隱藏了如此危險的可能性。

在這種情況之下，你是否能秉持正確的倫理觀，站在對社會和人民有益的角度思考？**生活在現今混亂的時代，比起解開數學問題的智慧，更重視這樣的道德觀念**。

## 想像自己工作的模樣

**道德感無法憑知識建立，而是與許多人互動後逐漸形成**。我認為，一個人的工作態度，最能反映出他的道德感。

每個人工作的方式各有差異，例如：有些人做事強硬，只要能有成果，任何手段都使得出來；而有些人則是根據自己的信念行事，成果並不是首要考量。

我在谷歌工作時，對一位員工餐廳的職員印象非常深刻。他的工作是擺好午餐和晚餐，以及收拾餐具。每到午餐時間，員工們湧入餐廳時，他會積極的向大家搭話：「今天過得好嗎？」、「你剪頭髮了？」從吃完的人手上接過餐具時，他也會向對方說：「謝謝！祝你有美好的一天！」

工作時的他總是精力充沛，我真切感受到他希望每個人都能打起精神，再回到工作崗位的服務態度。所有的谷歌員工都認識他，我也很喜歡他，並在他身上看到了所謂的專業意識。

你可以看看周遭是否有活力充沛的同事，也可以拜訪校友或前輩，聽聽他們的故事。透過觀察和傾聽不同人的工作情況，想像自己工作的模樣，以及你想秉持何種信念與堅持。

即使是相同的工作，也會根據觀念和處事風格，而有不同的表達方式。因此，當你為了求職向前輩諮詢時，不要只是請教工作內容，還要問：「你在工作時，最重視什麼？」

相信你一定能從中獲得塑造自己工作風格的啟示。

## 2 面試官手中沒有標準答案

面試時，面試官會如何確認求職者有無道德感？他們當然不會單刀直入的問：「你是秉持何種信念工作？」

這方面的問題，面試官通常會問：「當你必須打破一些規則才能前進時，你會怎麼做？」或是「你是否曾必須在團隊與自我利益間取得平衡？」、「你曾經為團隊犧牲嗎？」、「你是否曾拋棄團隊，把自己放在第一位？」、「你是否曾從零開始推動某項工作？」

這些問題都沒有標準答案，面試官不會因為求職者以團隊或自己為優先，就輕易下結論，而是觀察求職者的想法與行動，例如自律、遵守承諾，以及不被感情影響的意志等，判斷對方可能是什麼樣的人。

當然，沒有標準答案不代表你可以隨心所欲，說出自以為正確的事。面對這種情況時，重要的是能夠冷靜的表達自己是根據何種理由，做出什麼樣的決定。

例如，當面試官詢問你是否曾自行從零開始推動某件事情時，是希望藉此了解求職者如何組織，以及決定事情的先後順序。

在面試應屆畢業生時，我會對曾經參加運動社團的學生提出這個問題：「當隊伍輸掉比賽時，你有什麼想法，以及你會採取什麼行動？」根據答案便能看出對方在士氣低落時，是否能不被消極情緒左右，並思考自己能為團隊做點什麼，以及是否具備「心態的耐力」。

即便自己的進度會落後，仍能照顧其他成員，也是重要的評估標準之一。例如，你可以回答：「我發現自己的目標大致能夠達成，因此會和進度較慢的人分享訣竅，以幫助對方。」這樣的回答能讓面試官認為，求職者能夠準確的了解情況，利用剩餘的力量幫助團隊進步，並以大局為重，做出正確決定。

儘管如此，這並不代表你必須將自己置於團隊之後。**如果能清楚向面試官解釋你出於哪些原因，判斷優先考慮自己對團隊更好，也能獲得高度評價。**

## 關鍵不在事實本身

在找到理想的工作前，為了審視自己的優缺點，你需要回顧過去的各種經驗，你甚至可以視其為求職的本質。希望你能秉持坦誠的勇氣，面對無論失敗或成功的經驗，都誠實的評估它們。

面試時，面試官一定會問：「你曾為了什麼而投注心力？」針對這種問題，你應該坦率的回答，並說出你是秉持什麼想法、有哪些行動，以及哪些地方做得很好、哪些沒做好，無須因為沒有特殊經驗而心灰意冷。重要的是真心面對過去，好好說明當時的決定是否符合自己的心意，之後又獲得了什麼。**無論失敗或成功，你應該強調的不是細節，而是從經驗中學到什麼教訓**。

回顧過去時，想起來的多半是失敗的經驗也沒關係，只要當時的你不輕易放棄、堅持到最後，一定能因此學到什麼。

面試官遇到學生分享這種經驗時，他們會覺得：這個人應該不會因為實際開始工作後，發現公司不如預期就輕易辭職、無論安排他做什麼都不會半途而廢，或是遇上困難時會老實稟告，而不是暗中拖延。

再次強調，**面試官手上的問題不會有標準答案**。面試時的關鍵不是給出一個答案，而是解答的過程，以及如何說服對方。

我曾反覆提到，現在是混沌的時代，求職也不例外，沒有預設好的正確答案。這看似困難，但如果想要找到理想（正確）的工作，唯一的做法就是根據經驗，反覆思考，找出有意義的答案。

終章

# 獨特性，
# 就是你的強項

我曾多次提到，無論求職、工作還是人生，重要的是獨特性。然而，不論我如何告訴大家，每個人都有自己才做得到的事，還是有不少求職者擔心自己只是個普通無趣的人，無法引起面試官的好奇心。

面對這樣的求職者，我總會分享自己過去坎坷與挫敗的生活。當我說出自己在資訊不流通的鄉下長大，對方往往會非常驚訝，認為我看起來不像鄉下人，或是一路走來很順遂。

人生總是會不斷遭遇挫折，只要腳踏實地、持續努力，貫徹自己的風格並奮鬥到最後，便能磨練出個人特質。

## 沒有必要成為通才

**人沒有必要從一開始就光鮮亮麗。**

你只要找出兩、三個專長就足夠，即便這項優勢再小也沒關係，例如：口才比別人好、寫字比別人工整等。關鍵是你如何具體描述它們。

對這些小優點感到自豪，並持續鍛鍊，這些經驗將依附在你的強項上，逐漸累積成強大的武器，在職場上發揮作用。

當然，最初小小的強項，不會是世上唯一的特色。像是口才，這世界上可能有好幾億人都有類似的專長。但是，正是這小小的得意之處，透過不斷練習，也能發展出獨具特色、只屬於你一個人的武器。這就是所謂的**獨特性**，**即是你的專屬強項**。

因此，**只要覺得有自己擅長的事情，就應該勇於挑戰。它可能會是一個非常小眾的能力，但我認為這樣反而是件好事**。

例如結合口才和英語能力。你可能會因此發現自己更擅長用英語演講，或是察覺到自己在線上的表現比線下時更好，接著在 YouTube 頻道上分享自己用英語解說動漫的影片，並吸引高達一百萬、來自世界各地的觀眾。

這些都不是不可能的夢想。

不少人都想克服自己不擅長的事情，但是這麼做恐怕得花上一輩子的時間。

**與其花費一生把弱項轉為強項，不如直接承認「不會的事就是不會」**，放下肩膀上的重擔。

所以，我希望大家能勇於挑戰，利用自己的強項突破難關，以獲得足以掩飾弱點的強大力量。越是挑戰自己，越是能在那些小小的擅長之處，發現更多可以改善的地方。

當然，有些強項也可能嘗試後沒辦法更進步，或是發現自己其實並不拿手，這樣也很好，你就能轉往其他方向繼續努力。

當你不斷接受挑戰，你會以一種扭曲的方式成長。但實際上，這才是關鍵，**正因為造型奇特，它才是獨一無二。**

我深信只要擁有兩、三種不同類型的武器，生活就能變得更加悠然自得。

## 成功人士的心態

我們該怎麼提高獨特性？那就是，**沒必要成為世界第一，而是世界唯一。這是在混沌的時代中，成為成功人士並幸福生活的重要心態。**

現代的企業，尤其是像谷歌這樣的跨國企業，是由許多強大的個體組成。這種企業追求的工作方式，是利用自己的特質，和不同背景的人們合作，藉此擴展世界觀。

換句話說，每一位員工的個性與全球商業模式的成功直接相關。因此，谷歌等公司將獨特性視為一個人最簡單明瞭的優勢。

例如，我沒有留學的經驗，而是透過欣賞大量的歐美電影自學英語。相較於海外歸國的人，我的英語能力完全比不上他們，但是，谷歌還是邀請我進入跨國團隊，我也能順利的完成工作。

這是因為，組長認為比起英語能力，和我一起工作很愉快，跟我合作也能更有效的加快專案進度。也就是說，我們經常以當事人的特質和適應性錄用人才，而非技能。

當然，也有些工作是任何人都可以做的。但是，只要認真磨練自己，其他人自然會安排你擅長的任務，認為這件事情只要交給你，一定沒問題。

獨特性的種子，或許起初只有一個。有很多事情靠自己一個人難以察覺，需要透過他人的回饋才能逐漸發芽。

該如何組合這些種子，就像解謎一樣有趣。綜合你找到的多個獨特性，變成更為獨特的強項。這個過程不僅有助於求職，甚至能帶來工作上的成功，最終迎接幸福的人生。

後記
# 無論個性與能力，你都充滿潛力

最近常常聽到一種說法，認為現在的年輕人對未來缺乏期待。但是我不認同這種想法。

實際接觸許多求職者後，我覺得他們充滿活力與能量，只是需要擺脫「不能失敗」的強烈束縛。

我覺得，問題不是出在這些求職者自我效能低落，而是整個大環境。

如果年輕人抱怨，現今的職場環境不友善都是老一輩的錯，我們也無法反駁。但是，建立起現今社會繁榮的，也是這些人生的前輩們。

即使眼前還有許多課題有待克服，但我對如今的經濟趨勢還是抱持正面的態度，這個世界還是有持續成長的潛力。此外，生命安全有一定保障，醫療技術相當進步，政府與民間機構的運作也無須太擔憂。

## 只是「可能」即可

雖然只是一件小事，不過曾經有人誇獎我：「不愧是日本人。」那是二〇一九年夏天至冬天，公司派遣我到愛爾蘭都柏林（Dublin）的辦公室，為期三個月時間。

當時我接觸到的人，對日本文化沒有太多知識與了解。但是，對方誇獎我的身分，代表整個世界對日本還是充滿期待，日本的品牌力仍舊不可小覷。同時，我也感受到我們必須在國家形象完全消逝之前，重新振作。

例如，有些國家認為日本人溝通時很貼心，是日本人專屬的美德。都柏林的同事之所以誇獎我，也是因為我工作非常細心。

由於參與專案的人很多，我專注於如何讓大家自然的成為一個團隊，工作也因此十分順利，大家都對於我的工作方式感到驚豔，甚至形容為魔法。

就如同本書所言，**打造未來所需的不是長期以來的消極型團隊合作，而是活用各自強項、互助合作的積極型團隊合作**。

我之所以離開了工作六年的谷歌，進入協助徵才的新創企業，正是因為我相信人們的可能性。

我目前擔任這間新創公司的人資長，公司的目標是透過協助企業徵才，把求職者送入傑出的企業，讓這些企業培養今後可能成為社會核心的人才，促進產業成長。

**關鍵不在於成為社會核心，而是「可能」成為**。

儘管現在還看不出潛力、缺乏自信，這個世界其實充滿了能夠成為核心人才的求職者。我每天接觸許多年輕人，從他們身上感受到這種潛力。

正因為如此，我希望大家能透過本書的訣竅，察覺到自己的潛力，並發揮強項，和你的團隊成員共創嶄新的價值。我打從心底希望大家找到獨特個性的路。

期許今後即將踏出社會的年輕人，都能感受到本書隱含的期盼。也謝謝你讀到最後。

國家圖書館出版品預行編目（CIP）資料

Google 愛用的人才：什麼樣的人最快領高薪、帶團隊、升主管？前 Google 人資主管的識人學。／草深生馬著；陳令嫻譯 . -- 初版 . -- 臺北市；任性出版有限公司，2025.2
192 面；14.8×21 公分 . –（issue；78）
ISBN　978-626-7505-38-0（平裝）

1. CST：就業　2. CST：面試　3. CST：職場成功法

542.77　　113017957

issue 78

# Google 愛用的人才

## 什麼樣的人最快領高薪、帶團隊、升主管？前 Google 人資主管的識人學。

作　　者／草深生馬
譯　　者／陳令嫻
責任編輯／張庭嘉
校對編輯／楊明玉
副 主 編／馬祥芬、連珮祺
副總編輯／顏惠君
總 編 輯／吳依瑋
發 行 人／徐仲秋
會計部｜主辦會計／許鳳雪、助理／李秀娟
版權部｜經理／郝麗珍、主任／劉宗德
行銷業務部｜業務經理／留婉茹、專員／馬絮盈、助理／連玉
　　　　　　行銷企劃／黃于晴、美術設計／林祐豐
行銷、業務與網路書店總監／林裕安
總 經 理／陳絜吾

出 版 者／任性出版有限公司
營運統籌／大是文化有限公司
　　　　　臺北市 100 衡陽路 7 號 8 樓
　　　　　編輯部電話：（02）23757911
　　　　　購書相關諮詢請洽：（02）23757911 分機 122
　　　　　24 小時讀者服務傳真：（02）23756999
　　　　　讀者服務 E-mail：dscsms28@gmail.com
　　　　　郵政劃撥帳號：19983366　戶名：大是文化有限公司

香港發行／豐達出版發行有限公司 Rich Publishing & Distribution Ltd
　　　　　地址：香港柴灣永泰道 70 號柴灣工業城第 2 期 1805 室
　　　　　Unit 1805, Ph.2, Chai Wan Ind City, 70 Wing Tai Rd, Chai Wan, Hong Kong
　　　　　電話：21726513　傳真：21724355　E-mail：cary@subseasy.com.hk

封面設計／林雯瑛　內頁排版／王信中
印　　刷／韋懋實業有限公司

出版日期／ 2025 年 2 月初版
定　　價／新臺幣 399 元（缺頁或裝訂錯誤的書，請寄回更換）
I S B N ／ 978-626-7505-38-0
電子書 ISBN ／ 9786267505335（PDF）
　　　　　　　9786267505366（EPUB）